eビジネス新書
No.458
週刊東洋経済

ニッポンの給料

週刊東洋経済 eビジネス新書 No.458

ニッポンの給料

本書は、東洋経済新報社刊『週刊東洋経済』２０２３年3月１１日号より抜粋、加筆修正のうえ制作しています。情報は底本編集当時のものです。（標準読了時間 １２０分）

ニッポンの給料　目次

賃上げ率は26年ぶりの高水準へ

春闘に集まる異例の熱視線

なぜ今、賃上げが注目されるのか

①輸入品の値上がりによる「物価上昇」?

↓ 2022年12月の消費者物価指数は、41年ぶりの高さに

②構造的な「人手不足時代」への突入?

↓ 女性と高齢者の労働力参加には、もう頼れなくなった

③日銀が目指す「2%物価目標」の達成?

↓ 物価や賃金の傾向線が変化すれば金融政策の正常化も

ファーストリテイリング、三菱UFJ銀行、トヨタ自動車、任天堂……。春闘が本

格化する中、日本企業で続々と賃上げを行う機運が生まれている。

会社が独自に表明したものもあれば、労使交渉を経て、すでに会社が満額回答した例もある。賃上げの幅はさまざまだが、いずれもここ数年では見られなかった異例の高水準だ。

主な理由は物価の上昇にある。ウクライナ戦争に端を発した世界的なエネルギーや食料価格の高騰、さらに内外の金利差拡大に伴う円安が、「輸入インフレ」として日本の消費者を襲っている。

総務省が発表した2022年12月の消費者物価指数は、変動の大きい生鮮食品を除く総合指数が前年同月比で4%増と、41年ぶりの上昇率となった。23年1月も同4・3%の上昇率となっている。

物価が上がっているのに給料が上がらなければ、社員の実質賃金はマイナスになり、就業意欲をそぐことになる。そうした事情が企業経営者たちを賃上げに駆り立てているという側面がある。

労務行政研究所が1月30日に発表した「賃上げ等に関するアンケート」の調査結果では、23年の賃上げ見通しが定期昇給分を含め平均2・75%となり、前年を0・75ポイント上回った。厚生労働省が集計する主要企業の賃上げ実績は同調査の見通しを若干上回る傾向があることを踏まえ、ニッセイ基礎研究所は23年春闘の賃上げ率を2・9%（22年実績は2・2%）と想定している。実現すれば、23年の春闘賃上げ率は1997年以来26年ぶりの高水準となる。

ただ足元のインフレ率を考慮すると、これでも十分ではない。

ニッセイ基礎研究所の斎藤太郎・経済研究部経済調査部長は、「23年春闘は定昇を除くベースアップ（基本給引き上げ）が最終的に1%強にとどまる。賃上げ率は2年連続で消費者物価の伸びを下回る公算が大きい」と指摘する。

電力会社各社が4月以降、料金を値上げすることも消費者物価の押し上げ要因となる。定昇込みで5～10%レベルの賃上げを表明している一部の大企業を除き、「名目賃金は伸びても、実質賃金は減少しそうだ」（斎藤氏）。

2024年も流れは続くのか

この先賃上げは、インフレが鎮静化した後も持続するのか。答えはイエス、といえるようなデータがいくつか存在している。

アベノミクス期にあたる2012~19年の間に雇用者数(役員除く)は約500万人増加した。増加した雇用者の7割を非正規が占めるものの、労働力率の高い生産年齢人口(15~64歳)が少子高齢化で減り続ける日本経済において、これは福音だった。

しかしこの間、労働力人口の大幅な増加が続いたのは、高齢者と女性の労働力率が上がった影響が大きかった。65~69歳の就業率は21年に初めて50%を超え、低調だった女性の労働参加も欧米先進国を抜いた。出産・子育て期に労働力率が落ち込む「M字カーブ」はほぼ消滅した。

BNPパリバ証券の河野龍太郎・チーフエコノミストは、「年金の支給開始年齢が引き上げられ働かざるをえない人が増えたことなど、いくつかの要因が重なった結果だが、日本の労働供給はいよいよ掘り尽くされ、限界に近づいてきている」と分析する。

労働需給が逼迫すれば、一般的に採用は売り手市場となり、賃金は上昇する。ただ政府が産業界に対し賃上げを求める「官製春闘」を始めても笛吹けど踊らず、実質賃金は2013~18年度平均で前年比0・4%のマイナスだった。

この要因は、賃金水準の低い非正規労働者の比率が上がったことが、平均賃金を押し下げたからなどといったさまざまな分析がある。アベノミクスでの追加的な労働供給の押し上げ余地は限定的であり、これからは本当の人手不足がやってくる可能性が高い。

2024年の賃上げについては、ニッセイ基礎研究所が3%、大和総研が2・9%など大手シンクタンクは今のところ23年並みの水準を予測する。企業業績や輸入インフレの動向次第だが、2年連続で直近の比較では高水準の賃上げが行われるとの見立てだ。

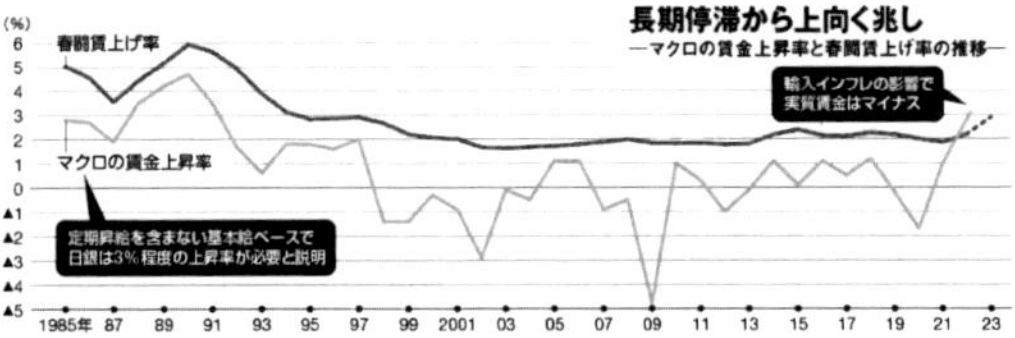

(注)暦年ベース。率は対前年比。2023年の春闘賃上げ率はニッセイ基礎研究所の予測。マクロの賃金上昇率は事業所規模30人以上が対象。
▲はマイナス　(出所)厚生労働省「毎月勤労統計調査」および「民間主要企業春季賃上げ集計」を基に東洋経済作成

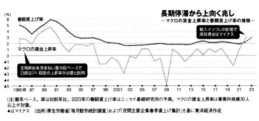

「空気」を眺める日銀

金融市場も2023年の春闘には高い関心を寄せている。物価と賃金がダブルで上昇する好循環が実現するかどうかは、「2%物価目標」の達成を掲げる日本銀行の出口戦略を占ううえでも、大きな注目ポイントとなるからだ。

国債の金利や株価、為替の動向は、10年に及んだ日銀の異次元金融緩和策が、いつ、いかなる形で出口に向かうかにかかっている。それゆえ、市場関係者は日銀の政策を必死に見定めている。

では、2%目標に見合う賃金上昇はどの程度なのか。その際に必要な賃金上昇率を日銀は3%程度とみている。黒田東彦総裁(当時)は22年5月の講演で、「生産性と物価の上昇率と整合的で、持続可能な名目賃金の上昇率は3%程度ということになる」と述べている。

2%弱の定昇を含めれば、日銀が目指すマクロの賃金上昇3%の達成には毎年5%近くの賃上げが必要になる。ただ、ここ数年の春闘賃上げ率は2%前後。2・75%と予測されている23年の水準から見ても、実現のハードルはかなり高い。

みずほリサーチ&テクノロジーズの門間一夫・エグゼクティブエコノミストは、「日銀のいう『物価と賃金の好循環』は生産性とは関係なく、物価に関する『ノルム（常識ないし規範）』の変化を指す。分岐点となる24年春闘の結果から、人々の中長期の期待インフレ率、つまりノルムの変化が確認できるかどうかが日銀の出口戦略においてカギを握る」と語る。

折しも日銀の総裁は、23年4月から学者出身の植田和男氏が起用される。「植田新総裁はノルムの変化が起きているかをじっくり見極め、出口戦略の時期を探る」（門間氏）とみられている。

舵取りは容易ではない。金融緩和の縮小によって企業が採用意欲を失い、労働需要が冷え込んでしまえば元も子もない。たとえ人手不足であっても賃金の上昇は期待できなくなる。2023〜24年の春闘は賃金の上昇を好機に変え、生産性向上や消費の拡大につなげていけるのか。「ニッポンの給料」は大きな転換期を迎えている。

（二階堂遼馬）

賃金、春闘、生産性……を基礎から解説

賃金をめぐる基本の「き」

① 2つの「賃上げ」定昇とベア

春闘の賃上げで使われる言葉が「定期昇給（定昇）」と「ベースアップ（ベア）」。どう違うのか。

年齢・勤続年数に基づいた賃金テーブル（賃金表）のある会社では、基本給は1年経つと自動的に一定額が増える。これが定期昇給だ。全体の賃金水準は変わらず、年代別の人員構成が一定であれば、総人件費は増えない。

一方、ベースアップでは賃金テーブルの基本給を書き換え、賃金水準を全体的に引き上げる。総人件費は恒常的に増えることになる。

定期昇給とベースアップのイメージ

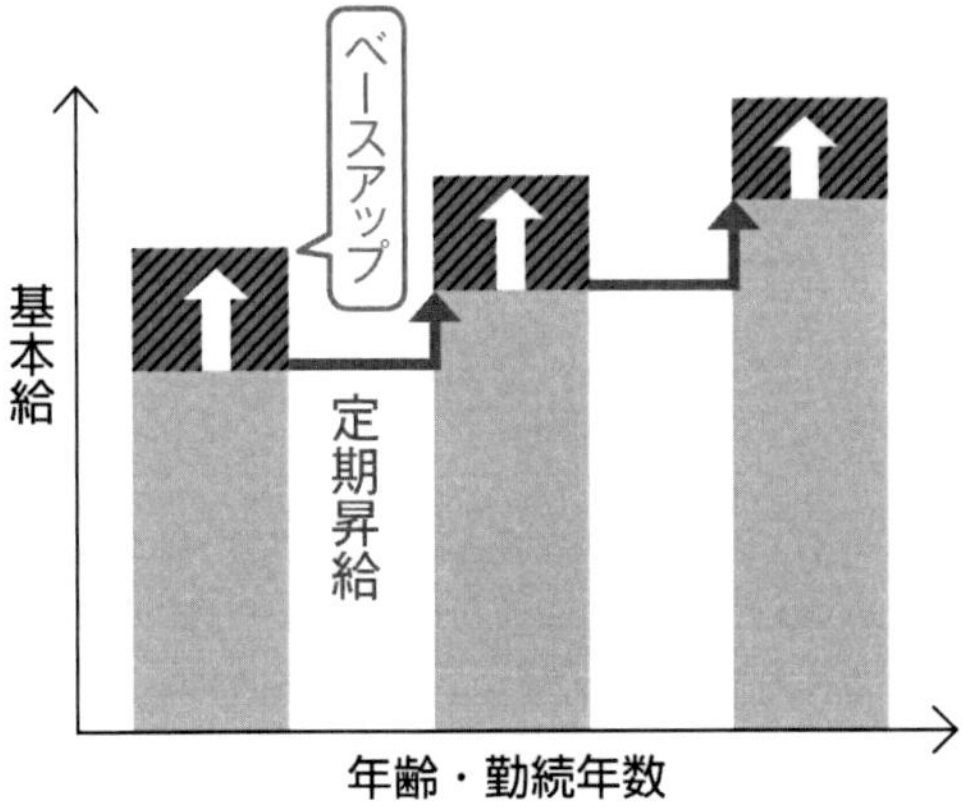

定昇と同義で使われるのが「賃金構造維持」「賃金カーブ維持」だ。賃金制度の年功要素を薄め、評価に基づいて昇級・昇給する等級制を取り入れる会社が多い。労働組合は、労働者が家族を持ち生活するうえで年を重ねるごとに増す費用を賄う必要があるとして、年齢や勤続年数に比例して上がる「賃金カーブ」を維持できるよう、定昇相当の賃上げを求める。

近年はベアがほぼゼロ、定昇は2％程度という流れが続いてきた。だがインフレ率が高まり、実質賃金は全体的に下がってしまう。そのため、23年の春闘ではベアが行われるかどうかが注目されている。

経団連は基本給を一律で引き上げるベアを否定している。賃金は個々人の仕事や貢献、評価に対して支払われるものと位置づけているからだ。とはいえ実質賃金の低下を放置しては、従業員のモチベーション維持や人材の確保に支障を来す。

そこで登場するのが「賃金改善」の言葉だ。当初は組合がベアのない中、初任給上昇に合わせた若年層の賃金水準引き上げや、中高年で落ち込む賃金カーブの是正を求めるうえで用い始めた。単に全体の賃金を引き上げるものではないとの意味合いが込められている。

そのため、例えば「ベア相当3％の賃金改善」といっても、全員の賃金が等しく3％アップするとは限らない。増額される総人件費がどう配分されるのかは、会社によって分かれる。配分方法も労使で交渉するケース、会社の裁量で決めるケースがあるが、若年層や高評価者に重点配分されるのが大きな流れだ。

② 日本特有の春闘　結束して交渉

どの国でも労働者は労働組合を組織し、賃上げを求めて使用者側と交渉する。要求を通すための手段として時にストライキも辞さないことは、コロナ禍以降、世界的にインフレが席巻する中で改めて示された。

いま日本は春闘のさなかだが、こうした労使交渉のあり方は日本特有の慣行だ。企業別に組織されている組合が、結束して使用者側と交渉するために生み出された方式だ。

先進国では、日本以外のほとんどで産業別労働組合が組織されており、賃金をはじめとする労働条件について組合が企業の垣根を越えて使用者側と労働協約を結ぶ。1社だけが賃金を下げてコストを抑えることはできず、労働協約は産業内の競争条件となる。

一方、日本の企業別組合の場合、自社の組合だけが賃上げを勝ち取っても、値上げにつながり他社にシェアを奪われ、賃金も上がらなくなるのではとの懸念が生じる。

そこで春闘では、同じ時期に同じ産業内の企業別組合が産業別組織（産別）の下で歩調を合わせて交渉を行い、さらに多数の産別がナショナルセンターに集うことで交渉力を高める。連合は47の産別組織から構成され、700万人が加盟する。

春闘が始まるのは2月。各組合が会社側に要求を提出し、交渉がスタートする。会社側の回答日は、23年は3月14〜16日が「ヤマ場」（連合）として設定されている。労使が妥結すれば、会社側は就業規則の賃金テーブルを改定するなど交渉結果を反映させる。交渉の対象は、基本給、一時金（ボーナス）から労働時間といった働き方まで労働条件全般にわたる。

　各組合が掲げる要求は、産別で設定する要求水準に基づく。主な産別としては、自動車総連、電機連合、鉄鋼や重工などの基幹労連、金属産業の中小企業を中心とするＪＡＭ、流通や外食、繊維が加盟するＵＡゼンセンなどがある。

　かつては、賃上げを波及させるうえで高めの回答を引き出して先導するパターンセッター役が存在し、鉄鋼、電機、そして自動車の産別が担った。ただ、２０１８年にトヨタ自動車が「中小にとって賃上げの上限になる」とベア回答額を非公表とした翌年以降、自動車総連は統一ベア要求を行っていない。

③賃金が上がらない理由

　日本の賃金は停滞している。２０００年のフルタイム労働者の年間実質賃金を１００とすると、２１年時点で米国が１２９、英国が１２３、韓国が１４４であるのに対し、日本は１０２とほぼ横ばいにとどまる。

何が停滞を招いているのか。主たる理由ははっきりしない。複合的な要因が絡んでいる。

1つには日本的雇用慣行が挙げられる。年齢や勤続年数に沿って賃金が上がる年功賃金は、従業員をつなぎ留めるインセンティブとなる。従業員は自社特有の技能を身に付け、社内の労働需要に柔軟に対応する。しかし、1990年代後半以降、年功賃金のコストは企業に重荷として認識された。

次のグラフで95年と21年の男性の賃金を比べると、賃金カーブのピークが下がっている。要は囲い込まれた末に切り下げられたというわけだ。

男性の賃金は2000年代に減少した
—1995年と2021年の比較—

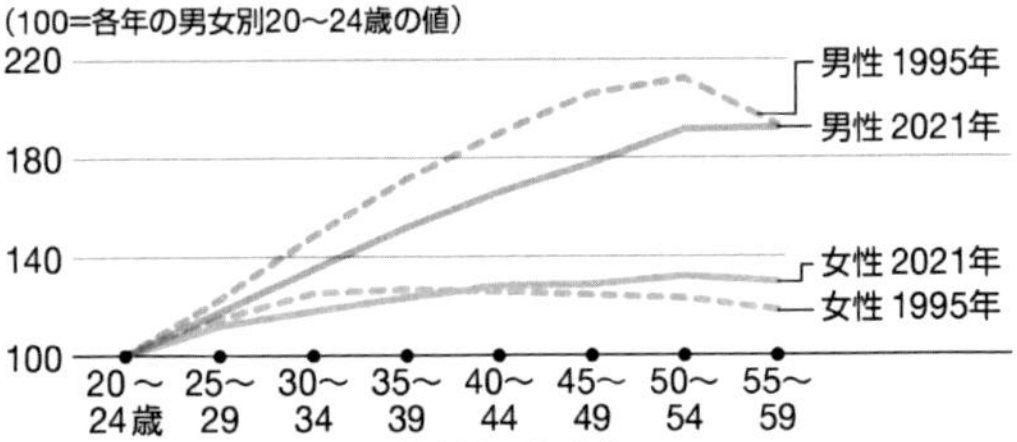

(注)一般労働者の平均所定内賃金額を指数化
(出所)厚生労働省「賃金構造基本統計調査」、労働政策研究・研修機構

別の分析もある。例えばパートタイム労働者の時間当たり賃金は上がっている。それでも、賃金水準の低いパートの比率が高まったことや、パートの労働時間が減ってきたことは、全体の平均賃金に対して低下要因となる。

正規雇用については、年功要素が残る中、毎年賃金が上がってきた人は存在する。しかし、賃金カーブ全体でみると、賃金の高い退職者と賃金の低い入職者を差し引きした分ほどには、在職者の賃金は上がっておらず、平均賃金が低下したことが示唆されている。

ボーナス（賞与、一時金）が企業業績に連動することの影響も指摘される。日本のボーナスは、諸外国に比べ年収に占める割合が大きい。かつては春闘と別に、ボーナスについても労使交渉が行われ、産別で水準を合わせていた。1990年代以降は春闘に一本化され、業績連動の仕組みが取り入れられた。その結果、リーマンショック後のような業績悪化時には大きく下がった。業績悪化時の減少幅に対し、業績回復時の上昇幅は抑制されていたとの分析がある。

④ 生産性と賃上げ　2つの関係とは

賃上げに絡んで必ず登場する言葉が生産性である。「賃金上昇には労働生産性の向上が不可欠」といわれる。

労働生産性とは、労働投入量に対する産出量を示す指標である。「一国の労働生産性＝付加価値（実質ＧＤＰ）÷労働投入（就業者数×労働時間）」の式で算出される。

賃金との関係を見るため、「雇用者報酬（国全体で支払われた賃金）＝名目ＧＤＰ×労働分配率」を先ほどの式に当てはめると「実質賃金（時給）＝労働分配率×労働生産性」の式が導かれる。労働分配率が一定とすると、実質賃金と労働生産性は連動することになる。

過去20年の実質賃金（時給）と労働生産性の推移を見ると、日本は労働生産性の伸びがＯＥＣＤ（経済協力開発機構）諸国とほぼ同じであるが、実質賃金の上昇は限定的だった。生産性の伸びの恩恵を労働者が十分に受けていないことを意味する。

いま日本の課題と目されているのは、労働生産性を引き上げるとともに、実質賃金の上昇を労働生産性の伸びに近づけることである。

労働生産性を上昇させるのは、①資本装備率の上昇（設備の向上）、②固定資産回転率の上昇（設備利用の効率化）、そして③付加価値率の上昇（高付加価値化）の3つだ。日本ではＩＴ投資が伸びず、欧米に大きく見劣りしてきた。付加価値率については、これまで企業は値上げを抑制し、生産効率が改善された分は値下げに反映するなど高付加価値化に逆行してきた。

価格が上がらないから企業の売り上げが増えず、設備投資も低迷。そして賃金が上がらないため消費も伸びないという悪循環が続いてきた。そこに期せずしてエネルギー価格を中心としたコストプッシュ型の物価上昇が起きた。これを機に、賃上げを消費増につなげ、さらに企業活動の活発化によって設備投資やイノベーションが盛んになり生産性が上昇する。こうした好循環の下、賃上げを持続させることが求められている。

⑤ 雇用を流動化すると賃金は上がるのか

日本の賃金が上がるために不可欠だとされているのが労働市場の流動化だ。リスキリング（学び直し）による転職も流動化を前提としている。新たなスキルを身に付け、より高い賃金を得られる職に移ることが全体の賃金を引き上げる——というシナリオである。

人口減と、技術革新や産業構造の変化が同時進行する中、人数の限られた労働者が効率的に再配置されるのが望ましいことに異論の余地はないだろう。ただし、どうすればそれが実現するのか。労働移動が当人ばかりでなく全体の賃上げにつながるのかといえば、話はそう簡単ではない。

日本では「転職すれば賃金が上がる」とはなっていない。とりわけ年齢が高くなるほど、転職後に賃金が下がった人の割合が増える。

転職で賃金が増えるとは限らない

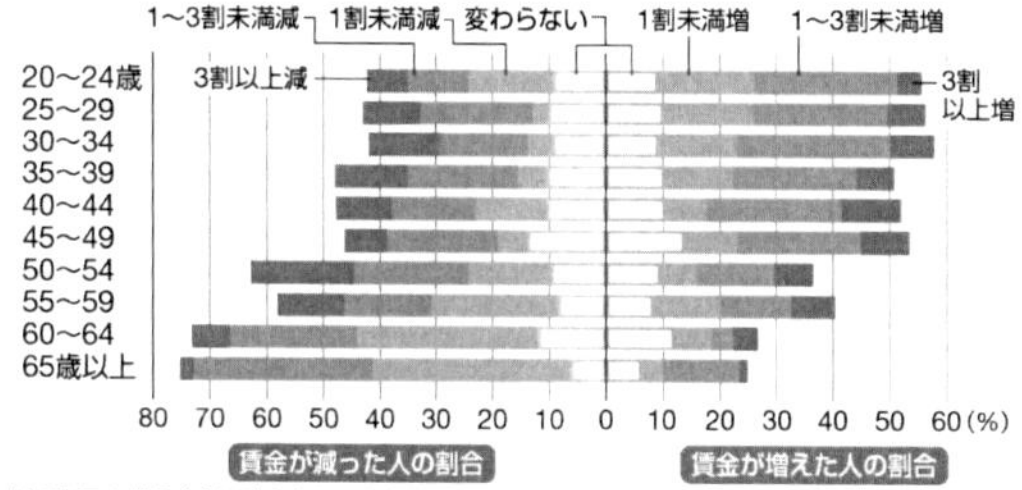

(出所)厚生労働省「転職者実態調査」(2020年)

背景には、大企業を中心に年功賃金が根強いことがある。年功賃金では、労働に対して即時に賃金が支払われず、中高年以降の賃金増と退職金の形で後払いされる。労働者にしてみれば、会社を離れれば後払い分が得られないうえ、社内の業務に適応して高めたスキルの価値は下がる。

企業にとっても、賃金の「後払い」はメリットがある。「今払い」に切り替えると将来支払うであろう人件費が顕在化する。長期雇用を前提として社内に人材をプールし、事業展開に応じて柔軟に配置できるという、日本的雇用慣行のメリットも失ってしまう。

他方で、「後払い」方式をとらない職種も増えている。例えば、さまざまな業種で需要が高まるＩＴ人材だ。「後払い」の企業であっても既存の賃金制度とは切り離し、あらかじめ賞与なども勘案した高年俸を提示することが多い。

また、現状でも非正規雇用の労働者の賃金には後払いの要素はない。正規雇用でも多くの中小企業や大企業の一部の賃金に年功要素はない。賃金は労働市場の需給の影響を大きく受ける。これまでは高齢者や女性の労働参加により賃金上昇が抑制されていたが、それらが頭打ちとなりつつある中、賃金上昇が加速するとの見方が浮上している。

（黒崎亜弓）

INTERVIEW

「賃上げは今年で終わらない　人への投資が重要だ」

連合会長・芳野友子

春闘にどう臨むのか。約700万人の組合員を擁する連合（日本労働組合総連合会）の芳野友子会長に聞いた。

――23年の春闘は賃上げに注目が集まっています。

2022年秋からの急激な円安はいったん落ち着きつつあるが、連合では「コロナ禍、物価高、円安」の三重苦との言い方をしている。とくに資源・エネルギー価格の高騰が顕著だ。私たちの生活をよくしていくためには、賃上げが必要だ。

――連合の賃上げの目標は定期昇給とベースアップ（ベア）を合わせ「5%程度」としています。足元の物価上昇を勘案すれば十分ではないのでは？

２０２２年の１１月から議論を始め、そのときは５％程度に設定したが、今また物価の状況が違ってきている。今の状況を見据えて、それぞれの加盟組合が要求をつくればよい。産業や業種で（状況には）濃淡がある。賃上げは２３年で終わるものではなく、来年以降も継続的な賃上げが必要になる。

――アベノミクスでは官邸が賃上げを労使双方に促していました。「官製春闘」をどうみていましたか。

確かに安倍政権は賃上げが必要だと言っていたが、その前の民主党政権も賃上げは必要だと言っていた。要は政府がずっと言い続けている。ただし賃金はやはり労使自治の問題だ。労使の関係に政府が干渉してくるのは少し違うのではないかと思う。

――違和感がありましたか。

ある。ただし残念ながら労働組合の組織率は16・5%と非常に低い。それを考えると、労働組合のないところでは会社に要求も出せなければ、交渉もできない。そういう点では、賃上げが必要だということを政府が発信するのは、違和感があるものの、それはそれとして（肯定できる）という感じだ。

——連合は大企業の組合が主体です。大企業の賃上げを中小企業にどう波及させますか。

率でいえば2022年も大手より中小が上回っていた。人手不足などの課題があるので、（23年は）中小企業も頑張るのではないかと思う。強く言っているのは価格転嫁の問題だ。これが進めば中小も賃上げしやすい環境になる。ＢｔｏＣでは消費者のマインドを変えていかなくてはいけない。消費者の立場で考えるのか労働者の立場で考えるのか。品物や製品には適正価格がある。消費者側のマインドを変えていくことも重要だ。

――中小企業の経営者にはどんなことを訴えたいですか?

人への投資は重要で、それによってモチベーションもスキルも上がっていく。今まではは人件費はコストという考え方だったと思うが、人への投資によって収益にいい影響が出てくれば、賃金が上がったとしても企業の発展に向かっていく。中小企業は人材不足で、その流出を抑えるためにも人への投資は大事だ。

――過去の春闘をめぐって、連合や産別組織の幹部から「賃金より雇用を優先しすぎた」との反省の声が上がっています。

私は単組にいた時間が長いが、産別なりの加盟組合を引っ張る立場(の意見)はあるだろう。当時の単組の現場でその時々の状況を勘案して一生懸命、交渉した結果だ。そのことを反省するとかしないとかは、ちょっと違うと思う。リーマンショック後には企業側が株主重視になったりリストラがあったりして、組合として雇用の確保が大事だという判断もあった。企業内労使関係の組合として職場を守る、という執行部の判断は受け止めたいと思う。

（聞き手・長谷川　隆、黒崎亜弓）

芳野友子（よしの・ともこ）

1966年生まれ。東京都出身。84年に東京重機工業（現・JUKI）に入社、一貫して労働組合活動に携わる。JUKI労働組合委員長、JAM（ものづくり産業労働組合）副会長を経て、2015年連合副会長。21年10月から現職。

形骸化していた賃上げ闘争

闘わない春闘が日本経済をダメにした

毎年春の同時期に、企業別労働組合が足並みをそろえて交渉することで賃上げを実現する――。日本独特の春季闘争＝春闘が始まったのは1955年のことだ。そのありようは、「春闘の終焉」とも評される2度の事態を経て、変貌してきた。

春闘が機能した高度成長期には、賃上げ率がインフレ（物価上昇）率をはるかに上回る状態が続いた。

「生産性向上の結果、経済が伸び、賃金も上がる形だった。賃金の伸びは、GDP（国内総生産）の伸びに重なっていた。春闘で賃上げが産業を超えて波及し、中小で賃上げ率がより高まったことから企業規模間の賃金差も縮小した」

春闘の歴史に詳しい独立行政法人労働政策研究・研修機構の荻野登リサーチフェ

ローは解説する。

1973年のオイルショックは、高度成長に終わりを告げるとともに、春闘による大幅な賃上げ獲得にも終焉をもたらした。

1974年春闘は前年の20%超のインフレを受け、30%超の賃上げで決着。しかし、景気停滞のなかでインフレ、賃金上昇が進めば、スタグフレーションに陥りかねない。後に欧米がたどった道だ。

インフレを抑制できるかどうかは組合次第。「そこで1975年春闘で組合は自発的に賃上げ要求をインフレ率より抑えた。インフレ鎮静化というマクロ経済の目的に沿った賃上げ要求とした」（荻野氏）。この「経済整合性論」を打ち出し、主導したのは、鉄鋼労連（現基幹労連）の宮田義二委員長だった。

1975年の賃上げ率は13・1%に低下。その後の春闘では、前年度の物価上昇分を取り戻す賃上げによって実質賃金を確保する流れがバブル期まで続いた。

鉄鋼労連幹部だった千葉利雄氏は1991年の時点で振り返り、「あくまでも危機管理的なポリシーであったのであって（中略）環境がよくなっているのに、このパターンでもって惰性的に抑制的な賃金決定をやり続けたことが、結果として日本の労働運動全体の活力をそぎ、そして今日の経済実勢に比べていささか後れを取り続けておる賃金決定の状況をつくりだす一因となったのではないか」(『戦後賃金運動』)と反省を述べる。

バブル期には、円高の下、賃金水準は世界トップレベルに達した。製造業を中心に賃金水準の見直し論が浮上する。並行して、日本の物価が海外と比べて割高だと問題視された。

1990年、連合は日経連と連名で政府に「内外価格差解消・物価引き下げに関する要望」を提出する。労働者＝消費者であり、組合は、消費者の声を代弁する役割を担うと位置づけてのことだ。

荻野氏は「物価高を是正するためとして、組合は当初、規制緩和路線にも合意し、コストカットばかりが是とされるようになった。忘れられがちだが、労使が協調して物価水準の引き下げを要求した」と指摘する。

2000年代以降は賃金が上がらない状況が続く。労使関係を研究する立教大学経済学部の首藤若菜教授の言葉は厳しい。「賃上げを実現させるには、組合の頑張りが不可欠だ。ゆえに組合の責任も大きい。労使は〝共犯〟だ」。

賃上げ抑制の起点として、首藤氏は2002年のトヨタショックを挙げる。2002年3月期決算でトヨタ自動車は日本企業史上初の経常利益1兆円を達成したが、労組のベースアップ1000円の要求に対し、回答はベアゼロだった。

日経連（のちに日本経団連）会長でもあった奥田碩会長は当時、「グローバル競争を勝ち抜くためには人件費を抑えなければならない」と事あるごとに口にしていた。

折しも、中国が安い人件費を武器に「世界の工場」として台頭する中、日本企業は国際競争力の低下に危機感を強めていた。「ほかの労組も『トヨタがダメなら、わが社などとんでもない』と萎縮してしまった」（首藤氏）。

日本経団連はこの年の報告書で「春闘の終焉」を宣言。「デフレスパイラルが危惧される状況下で（中略）名目賃金水準のこれ以上の引き上げは困難であり、ベースアップは論外」と断じた。連合は翌2003年の春闘でベアの統一要求を断念し、ほぼベアゼロの状態は12年間続いた。

それでも低いインフレ率の下、実質賃金は維持された。90年代以降、繰り返されたリストラの打撃を受け、組合にとって「賃上げより雇用」が優先だった。

「個別の組合にとっては、経済の先行きがわからない中で従業員の雇用を守らなければならず、賃金を上げないほうが合理的なのは確かだ。だが、そのような判断が集積した結果、マクロでは経済成長が起きず、それが個々の企業に跳ね返ってきた。合成の誤謬が生じていた」と首藤氏は読み解く。

春闘は挫折の歴史

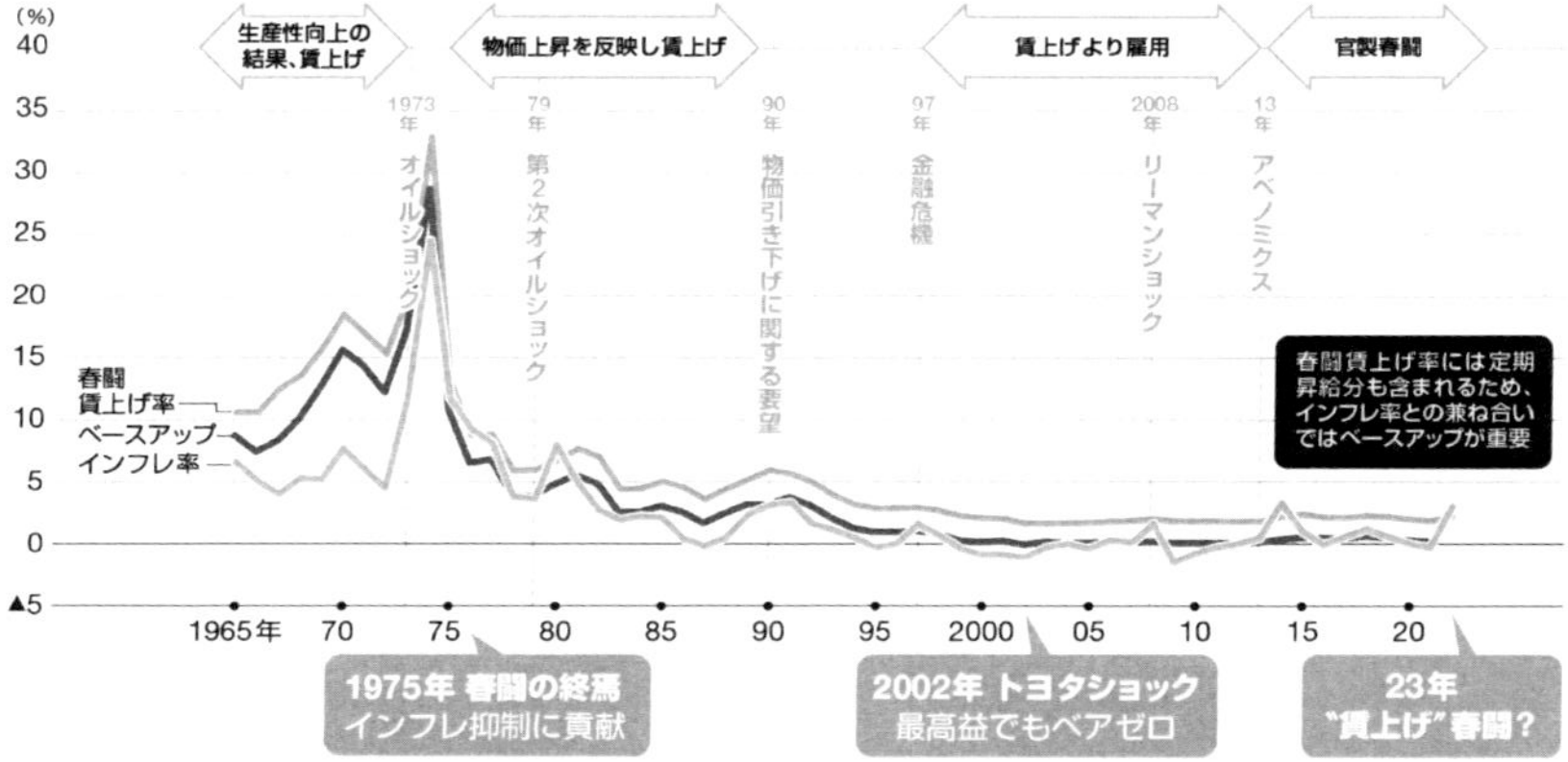

(注)インフレ率は消費者物価指数(帰属家賃を除く総合)の前年比。春闘賃上げ率の集計対象は、2003年までは東証・大証1部上場企業のうち資本金20億円以上かつ従業員数1000人以上の労働組合がある企業、04年以降は資本金10億円以上かつ従業員数1000人以上の労働組合がある企業。1979年までは単純平均、80年以降は加重平均。▲はマイナス　(出所)総務省「消費者物価指数」、厚生労働省「民間主要企業における春季賃上げ状況の推移」、中央労働委員会「賃金事情等総合調査」

官製春闘が変えたこと

風向きが変わったのが2013年。デフレ脱却を掲げる安倍晋三首相が経済界に賃上げを促したのだ。しかし賃上げは広がらなかった。

その理由について首藤氏は、官製春闘だったことよりもむしろ、春闘そのものがこの間、様変わりしていたことが大きいとみる。

「かつての春闘では、自社の業績が悪くても、世間相場に合わせて賃上げしなければならないという意識が経営側・組合側の双方にあった。ところが復活した春闘では、労使とも自社の経営の先行きに不安を感じ、組合は賃上げ要求に及び腰になった」。春闘を機能させていた横並び意識が薄れる中、政府の要請も「上げられる会社が上げればいい」としか受け止められなかったというわけだ。

足元では、「世間相場」の言葉が表すように、同調圧力が復活しつつある。きっかけは物価高だ。人手不足の顕在化も拍車をかけた。にわかに賃上げムードが高まり、各社は人材確保を念頭に、競うように賃上げを発表している。

ただ、経営側の積極姿勢は、組合にとって単に歓迎できるものではないと前出の荻野氏は指摘する。

「春闘が統一闘争であったのは、企業別組合の限界を克服するため、産業ごとに交渉スケジュールを調整し、足並みをそろえた要求と回答引き出しに向けて、多くの組合が結集したから。それが23年は、組合が設けた回答日より前に、組合の動向とは関係なく、社長が賃上げを発表するケースが相次いでいる。春闘の基盤だった統一闘争が崩れかねない」

23年は賃金の岐路であるばかりでなく、春闘ひいては労働組合の岐路となる。

（黒崎亜弓）

給与と働き方のリアル　企業の取り組み

【メガバンク】初任給引き上げ　若手流出に危機感

暗黙の了解が崩れた。何事も横並びと前例踏襲が多かったメガバンクだが、新入社員の初任給では各行が違いを出そうとしている。

三井住友銀行は2023年4月に入行する大卒新入社員の初任給を25万5000円にする。みずほフィナンシャルグループ（FG）は24年4月入社組の初任給を26万円にする方針だ。長らく20万5000円で横並びだったのが一転、3メガバンクの初任給は引き上げ合戦の様相を呈している。

引き上げは11年ぶり —3メガバンクの初任給推移—

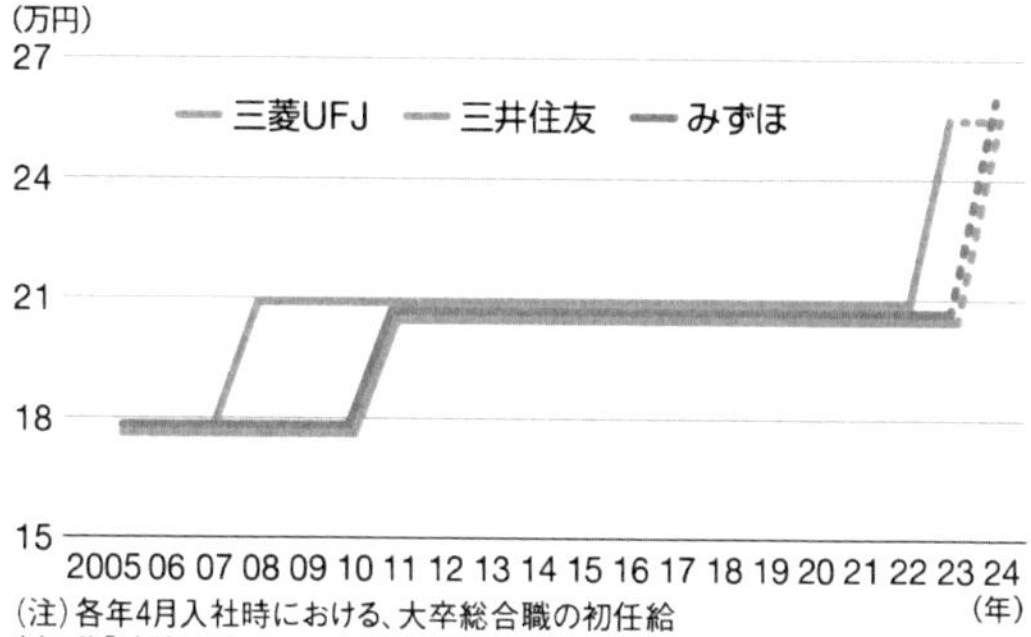

(注)各年4月入社時における、大卒総合職の初任給
(出所)『就職四季報』、取材を基に東洋経済作成

一因は銀行人気の低落にある。「コンサルや商社にどんどん取られていく」。メガバンクの元採用担当者は打ち明ける。以前は就職人気の頂点に君臨していたが、今や内定を蹴って5大商社や外資系コンサルを選ぶ新卒が絶えない。流出は入社後も続く。「支店営業を希望する行員に、人事部への配属を命じたら退職してしまった。人事はかつての出世ルートなのに」(別のメガバンク幹部)。給与引き上げは引き留めの一環だ。

ただ、引き上げたのは初任給だけではない。新入社員より給与が下回ることを防ぐため、2年目以降の給与体系も大幅に見直した。三井住友の関係者は「むしろ給与体系の見直しが主眼で、初任給は最後に残されたピース」と話す。

メガバンクの給与体系は「後半追い上げ型」だ。他業種に比べて初任給こそ低いが、一定の年数が経つと大幅に上昇する。まず入行後3年程度で職階が1段上がり、基本給は数万円上がる。最短30歳前後で調査役や支店長代理といった役職がつき、年収は残業代込みで1000万円に届く。

反面、新人時代は懐が寒い。寮費や組合費などを差し引くと手残りは10万円程度の時期もあり、「業務量と給与が見合っていない」との不満の声があった。

三井住友が先駆けて引き上げに踏み切れたのは、もともと入社2、3年目で大幅に基本給が上がる給与体系になっていたため。初任給を5万円引き上げても、2年目の給与額と逆転することはない。

みずほは初任給の引き上げと合わせて、銀行や信託、証券、リサーチ&テクノロジーズ、そして持ち株会社の採用窓口を一本化する。5社の初任給を統一すべく、相対的に給与水準の高いみずほ証券を上回るようにしたところ、現行から5万5000円も上がった。

今後の焦点は、残る三菱UFJ銀行の対応だ。同社幹部は「24年4月入社の新卒から、三井住友やみずほ並みの水準への引き上げを検討している」と打ち明ける。もともと三菱UFJは、25年4月から新しい人事制度へ移行することを検討していた。そのため、本来は初任給も25年4月入社の新卒から見直す予定だった。だが、他メガバンクの対応を受け、実施を1年前倒しするようだ。

「とても追いつけない」。ある地方銀行幹部は音を上げる。実は初任給は、メガバンクのみならず、地銀も含めてほぼ横並びだ。メガバンクが引き上げれば、それを上回らない程度に追随してきた。

3メガバンクの引き上げ幅を後追いする地銀は、どれほどあるだろうか。香川の百十四銀行は1万円、熊本の肥後銀行は1万5000円、大卒初任給を引き上げる方針を示した。今後は経営体力の差が、初任給の額として如実に表れそうだ。

（一井　純）

【大和ハウス工業】「飛び級」で昇進　若手抜擢の実力主義

「ゼネコンは年功序列で縛られていて、古い体質だった。上司から言われたことは絶対的に従わなければならなかった」。スーパーゼネコンからハウス大手の大和ハウス工業に転職した30代男性はこう語る。

建設業界には明治～大正時代に創業した歴史ある会社が多い。社風や給与体系に年功的な側面が残る業界だ。一方、1955年創業でプレハブ住宅を武器に業容を拡大してきた大和ハウスは実力主義が浸透している。若手の活躍を促す制度を複数用意している。

1つは、「ステップアップ」制度だ。大和ハウスは職位として1～9のグレード（等級）がある。1～2が部長格、3～4が課長格、5～6が主任（係長）格、そして7～9が若手（一般職）という位置づけ。等級が上がる時期については、「標準で何年」とタイミングが決まっている。ただ個人の成績に応じて、その年数を短縮できる。

管理職とする4等級以上になるのは入社13年が標準年数。ただ、7等級以降は標準よりも早く昇進する仕組みがあり、最短9年で管理職に上がれる。「30代前半で管理職に昇進できる」（菊岡大輔・人事部長）。

若手の抜擢制度として、「アーリーエントリー」制度も設けている。いわゆる「飛び級」だ。上司の推薦があれば、6等級から4等級へと一気に昇進できる。優秀な若手社員や中途入社の社員など、毎年およそ5人が対象になっている。

アーリーエントリー制度を導入した背景には、女性社員からの強い要望があった。出産で育児休業を利用した場合、その期間が（昇進上は）勤続期間に換算されないため、昇進が遅れがち。この制度があれば、実力次第で、育児休業でのビハインドを取り戻せる。

さらに2023年から、育児休業も一定期間（最大1年）については、在籍年数と評価のカウントに反映させる仕組みを導入した。「育児という人生経験は、職場で経験をしているのと同じ価値があると認めていく」と菊岡氏。

社員は昇進すれば、それに伴って給料も上がる。等級ごとに給与の幅が決まっており、飛び級で給料もジャンプアップする。例えば、6等級から4等級への飛び級により、合計で15万円ほど月給が増える計算になる。

もちろん成果を出していない主任格以上は降格もある。「大和ハウスは離職率も高い。『やめダイワ』が多いことは有名」（あるゼネコンのベテラン社員）との指摘もある。若手活躍の環境があるとはいえ、信賞必罰の側面があることも見逃してはいけないだろう。

（梅咲恵司）

【キヤノン】終身雇用の維持を公言 「役割給」で社員を評価

キヤノンは終身雇用をうたう数少ない会社だ。カメラや事務機の市場が縮小する中、競合他社はリストラを実施したが、キヤノンはしなかった。

キヤノンは2005年から、役割給制度という独自の制度に基づいて社員の給与を決めている。役割給制度とは、端的にいえば業務内容を基に設定された「役割」に応じて給与が決まる制度だ。勤続年数などに関係なく、同じ役割であれば給与は同じ。また家族手当や住宅手当のような各種手当がない。昇給・降給は役割の変化によってのみ生じる。定期昇給や春季労使交渉の仕組みはない。

約2万5000人が在籍するキヤノンには、使われていないものも含めて1万5000の役割が存在するという。そのすべてが、職務内容と職責を勘案して評価され点数化されている。

役割は点数に基づいて、一般社員向けのG1~G4、管理職向けのM1~M5、計9つの役割等級に分けられている（入社直後の育成等級に当たるTは除く）。

基本給は同じ等級の中で5つのレベルに分けられており、仕事の成果に対する人事評価に基づいて決まる。上の等級に上がるためには、相応の人事評価を得、昇級試験にも合格しなければならない。

日本企業としては比較的早く業務内容に連動した給与体系へ移行した。職務遂行能力に基づいて給与が決まる従前の職能給では、能力の数値化が難しいため勤続年数が重視されがちだ。だがそれでは個人の実力を正しく給与に反映できない。他方で、職務のみによって給与が決まる職務給では、事業や職務をまたいだ異動が難しくなる。そこで役割給制度には職務を横断する等級を設け、異動の幅を持たせた。

実力を正しく給与に反映するためには、役割数を厳密にコントロールする必要がある。過去、事業が拡大するときには役割を増やす一方、事業縮小があった際には役割の消滅に伴う管理職の降級も実施してきた。

一方で課題もある。役割給制度の下では、より上位の役割にふさわしい実力のある社員でも、空きがないと異動ができず、給与を上げられない場合がある。また、若手は一定の勤務年数に達しないと昇級試験の資格を得られない。

一律で引き上げるベースアップはしてこなかったが、ほかの企業が行っている定期昇給と遜色ない昇給をしてきたという。だが昨今の物価上昇を受け、23年1月、基本給を一律に月額7000円引き上げた。急激な物価変動に対応した格好だ。

（吉野月華）

【日本生命】営業職員 7%引き上げの事情

日本生命は生保レディーと呼ばれる約5万人の営業職員を対象に、人件費を100億円超積み増し、賃金を平均で7%引き上げる。

同社は2022年4月、営業職員の評価制度を変えた。これまでは新規契約の獲得を重視していたが、契約の継続率や既契約者への訪問、担当する顧客数などを重視するようになった。この制度では営業職員を3つにランク分けしている。23年7月からランクに応じて2万～5万円程度を固定給部分として支給する。

生命保険をめぐっては強引な営業活動が問題視されてきた。生保業界では営業職員は入社から5年で8割近くが離職するとされており、その原因の1つが新規契約数に偏重した仕組みにあった。

日本生命は一連の処遇見直しなどを通じて、定着率（入社25カ月目）を現在の50%程度から60%に高めたい考えだ。

（中村正毅）

地方中小企業　賃上げ企業の秘訣

難しいとされる中小企業の賃上げ。その壁を打ち破ったのが日本酒「獺祭（だっさい）」で知られる山口県の日本酒メーカー、旭酒造だ。

２０２２年、製造部の大卒初任給を従来の２１万円から３０万円に引き上げた。社員数約２５０人、資本金１０００万円という地方の中小企業が、大企業に引けを取らない社員待遇にするということで、大いに話題を呼んだ。

既存の社員についても、全体の半数以上に当たる製造部を対象に基本給を増額。２０２６年までに同部所属社員の平均基本給を倍増させる。

これを行う背景には高付加価値を掲げる同社の経営戦略がある。日本酒造りは、古い慣習により一部の職人が属人的に工程を管理してきた。２０００年代、旭酒造はこれをデータ管理に切り替え、品質を向上させると同時に、機械化が有効な作業の洗い出しを実現した。こうした要因もあって、コメを磨き上げる純米大吟醸酒の獺祭は高級酒として認知されていく。海外市場にも販路を広げ、アジアや北米など30カ国以上に輸出し業績を順調に伸ばしてきた。

桜井一宏社長は、「よい物を安く、という日本市場での圧力はたびたび感じるが、（高い値付けも辞さない）海外の市場で受け入れられたことにより、価値観が変わった」と振り返る。

好業績を受け、2016年にはそれまで3％だった昇給率を5％に引き上げるなど待遇改善を進めた。ただし、すでに生涯年収ベースでは首都圏のメーカーに近い水準を実現しており、「地方にしてはよい給料を払えていると満足していた」（桜井社長）面があった。

それでも22年初任給を引き上げたのは、さらなる人材投資が欠かせないと判断したからだ。海外では日本酒ブームの追い風が吹いているが、欧米の飲料メーカーはPRやブランディングにも強い。もはや地方の一企業のつもりではいられない。

あえて年功序列を維持

労働組合はないが、会社のオーナーである桜井社長が中心となり、トップダウンで今回の基本給アップを決めた。賃上げの対象を製造部に絞ったのも、品質第一を掲げるオーナー企業ならではの決断だ。

これだけ大幅な賃上げとなれば、社内もそうとう盛り上がったのではと思うが、社員の受け止めは淡々としていたという。というのも、社内では今回の賃上げに伴う、ジョブ型や成果報酬型などへの雇用システムの切り替えが不安視されていたのだ。

当初はジョブ型や成果報酬型の制度導入を検討したが、最終的には現行の年功序列制度を据え置いた。桜井社長は、「酒造は一部のエースの大活躍によってではなく、(各工程で)皆が少しずつ改善を積み重ねることで、品質を上げていく。挑戦した結果、失敗したとしても、給与は下がらないという心理的安全性を担保したかった」と理由を語る。

大手メーカーの給与水準を意識した賃上げは、早々に成果を出した。年間15~

20人程度を採用する新卒の倍率は、約2倍だったものが、6倍程度まで急上昇。中国地方を中心とした西日本に限らず、全国からより高いレベルの学校出身者も応募してくるなど、採用の裾野が格段に広がった。

足元では米ニューヨークに酒蔵を建設しており、より多くの国・都市へ進出するチャンスをうかがう。高付加価値化で海外市場を開拓し、その利益を社員に還元する。決して簡単ではないが、中小企業の賃上げ戦略として、1つのモデルケースであるといえそうだ。

(森田宗一郎)

報酬水準と勤続年数に注目

ほんとにいい会社とは何か?

MyNewsJapan 編集長・渡邉正裕

社会に出て10年余り働き、職業人として一人前になった35歳時点で、どのくらいの収入を得られるか――。

本来、その全体像がわからなければ、職業選び・会社選びはできない。その情報なくして、奨学金を返済できるかの計算はできないし、元手不明では留学や投資、住宅ローンの借り入れなどライフイベントの設計ができないからだ。

こう考えるとどんな職業であれ、キャリア教育の一丁目一番地は、正確な賃金情報であることは誰もが理解できよう。ところが、そんな情報はどこにもない。企業に開示義務もなければ、国や大学も誰も調査をしていないのだ。

そこで筆者は20年余りをかけ、会社を通さずに1000人超の企業人・職業人に会い、仕事の具体的な中身と報酬、昇進システムなどを取材してきた。その成果の1つが新刊『「いい会社」はどこにある?』（ダイヤモンド社）だ。

次の図は同書に載せた「報酬水準と勤続年数」である。この図を基に、取材成果の一端を紹介したい。

報酬水準（手取り、35歳平均）と勤続年数

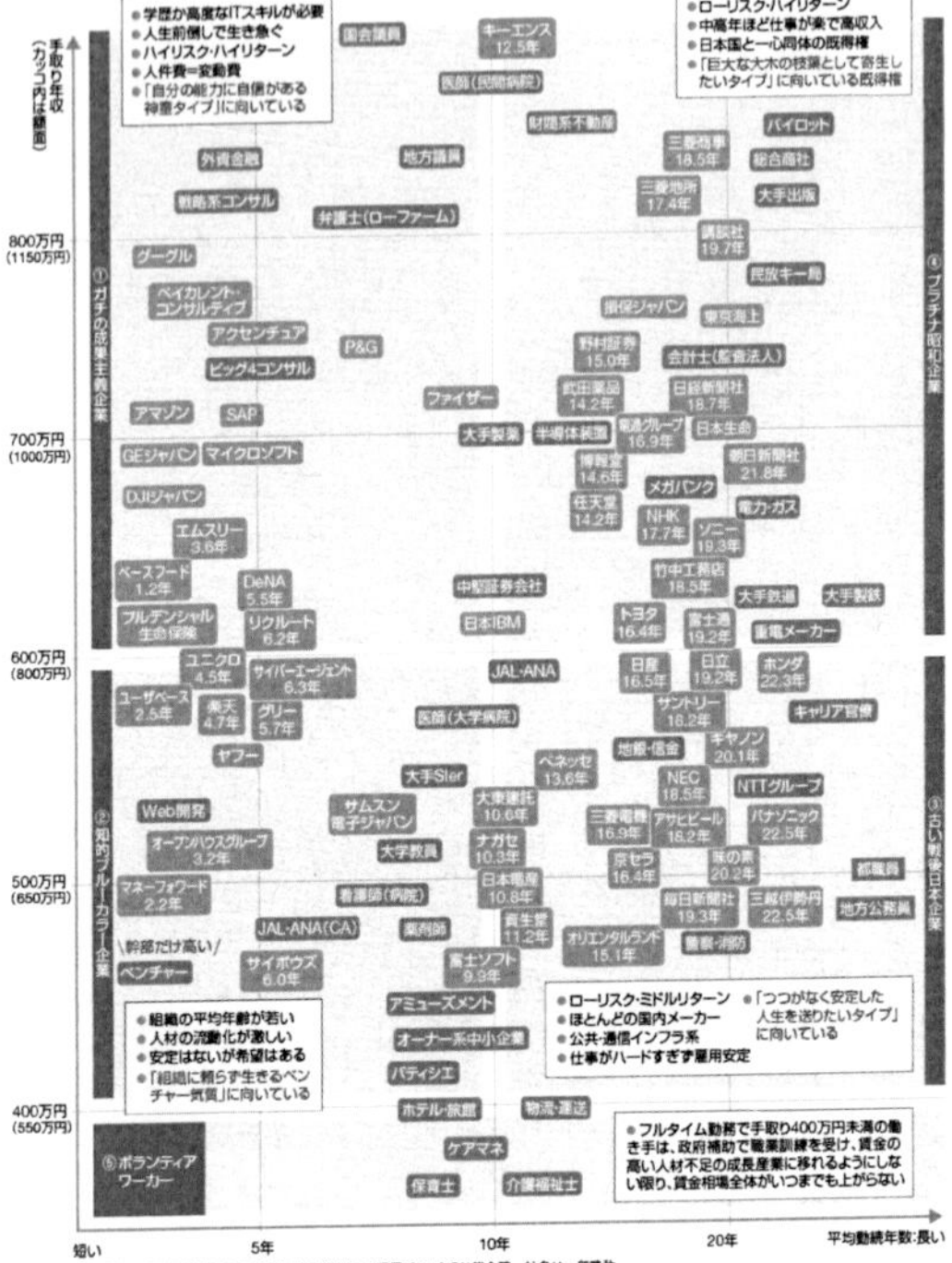

（注）平均的な残業代、数量勤務手当を含み、住宅補助は含まない。明記がないものは総合職。社名は一部略称
（出所）平均勤続年数は2021年度有価証券報告書または公式サイトから

図において、縦軸は35歳年収で、横軸は平均勤続年数だ。横軸が必要な理由は、例えば「35歳、1000万円」でも、3～5年で辞めるのが一般的なコンサルティング会社と、終身雇用が当たり前な総合商社とでは、その企業に在籍する間に得る賃金総額が10倍異なるケースがありうるからだ。

対象は総合職とした。上場企業の有価証券報告書では、平均勤続年数と平均年収が開示されているが、採用区分の異なる一般職と総合職などがすべて入っているため無意味だ。

例えば、旧安田財閥系の損保ジャパンは、平均勤続15年、平均年間給与626万円（44・1歳）と開示しているが、実際に取材すると、総合職は30歳で1000万円、最速35歳で1200万円、40代でほぼ全員1300万円以上のようだ。35歳なら1100万～1200万円だ。この図には、公表されていない本当の情報が詰め込まれている。

仕事を5タイプに分類

就職・転職の人気ランキング上位の企業を配置したところ、真ん中あたりになったのが、「額面年収800万円、平均勤続10年」。これが日本で名の知られた企業における35歳社員の平均的な姿と考えてよいだろう。

再度先の図を参照すると、図の真ん中を境に、右と左の間には大きな違いがある。

報酬水準（手取り、35歳平均）と勤続年数

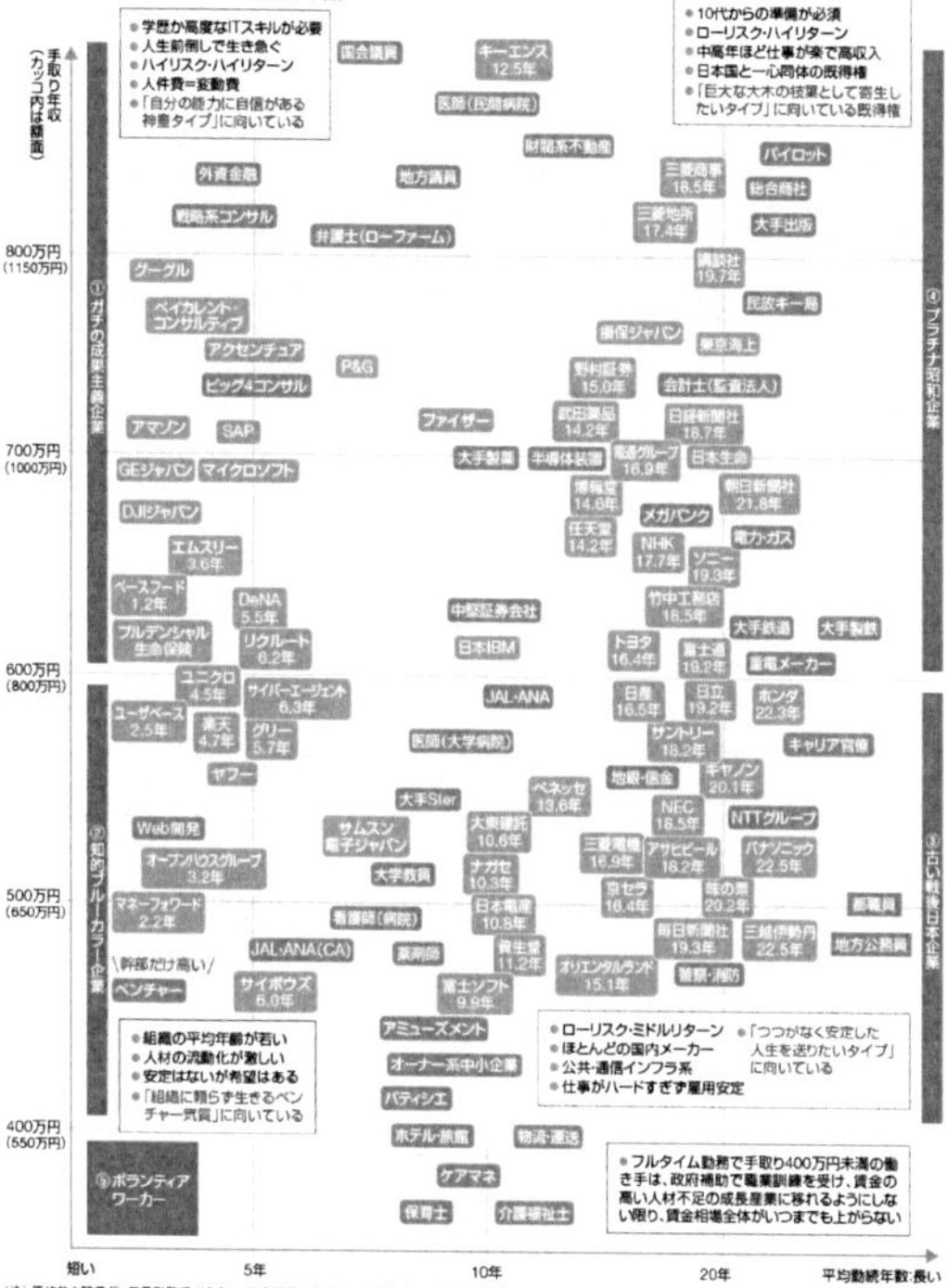

（注）平均的な残業代、数量勤務手当を含み、住宅補助は含まない。明記がないものは総合職。社名は一部略称
（出所）平均勤続年数は2021年度有価証券報告書または公式サイトから

図の右側は、終身雇用&年功序列の、昭和な世界が広がる。とくに右側の下③の「古い戦後日本企業」のゾーンにいるのは、「失われた30年」の詰め込みパックみたいな企業、そして特殊法人や暇な役所だ。「働かないおじさん」を大量に在籍させ、まったりと定年まで過ごせる環境である。

対照的に左側は、外資・ベンチャー・コンサルなど、生き馬の目を抜く、人材流動性の高い、イケイケな世界が広がっている。

右側が「メンバーシップ型雇用（職能資格給）」で人に給料がつくのに対し、左側は「ジョブ型雇用（職務給）」で仕事に給料がつく。よって雇用は不安定になる。

左側はまるで別世界だ。平均勤続年数が短いということは、社員の平均年齢が若いということ。活気があり希望もある。右側の平均年齢40代半ばの老化した組織とは正反対で、左側では、若手が短期間に成長しやすい。

筆者は新卒で就いた日本経済新聞記者（右側）から27歳でＰｗＣのコンサルタント（左側）に移ったので実感があるが、時間感覚が2倍は違う。

左側の上①は「ガチの成果主義企業」。年収は高いが、ほとんどの社員が短期で去る。外資金融、コンサル、P&G、グーグル、アマゾンなど、つまりはグローバル外資の日本法人が多い。体力的にも精神的にもタフでないと持たない。プロ野球のような世界に近く、PIP（パフォーマンス・インプルーブメント・プラン＝業績改善計画）による厳格な労務管理や、降格・戦力外通告があるのが普通だ。

左側の下②は、「知的ブルーカラー企業」。同じくハードに働き、人材の流動性も高いが、給料はそれほど高くない。ベンチャー企業のほか、看護師、薬剤師、CA（キャビンアテンダント）といった女性の多い職種がここに固まっている。完全に職務給で、ポストに給料がひも付くため、ほとんどの人の給料は30代後半で頭打ちとなる。

とにかく頭数が必要とされる労働力として、馬車馬のように働く。一方で将来、企業ごと上方に移動していく希望がある。エムスリーやベースフードといった「給料の高いベンチャー」が期待の星だ。ベンチャーは転職が盛んで、②の「知的ブルーカラー企業」から①の「ガチの成果主義企業」へ、反対に、①「ガチの成果主義企業」から②「知的ブルーカラー企業」へと人材流動性も高い。

③の「古い戦後日本企業」に戻ろう。ここには圧倒的大多数の日本企業が集積する。長期雇用は、ノウハウの伝承や巨大グループ企業を束ねてプロジェクトマネジメントを行う際に役立つため、自動車業界を筆頭にメーカーにはプラスに働いている可能性が高い。鉄道や郵便の現業部門もここだ。

だが、本来、長期雇用が企業の競争力につながらない金融・通信・メディア・流通・小売りといった業界までが、平均勤続年数15~20年超とほとんど終身雇用になっており、人材の滞留が新陳代謝やイノベーションを阻害し、業績や給料が上がりにくい一因となっている。解雇できない日本の法体系が背景にはある。

右側の上④は「プラチナ昭和企業」。就活の勝ち組だ。雇用の安定と高給が両立している。5大安定高給職種(医師、パイロット、5大商社、3大出版、財閥系不動産のほか、国内生保、損保、証券の上位企業(日本生命、東京海上日動火災、野村証券など)、電通、NHK、大手製薬のほか、昨今では、東京エレクトロンやディスコといった半導体製造装置、キーエンスやファナックといった工場向けソリューション企業がいる。逆に新聞社やメガバンクはここから脱落しつつある。

最後に手取り400万円に満たない層が、図の下側⑤ボランティアワーカーで、ケアマネジャー、介護福祉士、保育士といったエッセンシャルワーカーのほか、物流・運送業、ホテル・旅館といった観光業、飲食業や美容師・理髪師といった、参入障壁が低く「なり手」の多い仕事だ。資格が必要でも難しくなく、人材供給は多いため、給料を買いたたかれやすい。

賃金カーブと分布も大事

先の①〜⑤に分類した図からは見えない重要ポイントとして、「賃金が20代、そしてその後の40〜50代にどう推移するのか」「全員が大差なく上がっていくのか、格差はどのくらい生じるか」という別の問題がある。こうした「カーブ・分布」の意味についても、お伝えしたい。

「新卒採用の選考では、奨学金をもらっている話はしないほうがいいです。裏でチェックされていると聞きました。銀行は20代の給料が安いから、金に困って不正を働くリスクが高い、と判断されてしまうからです」（あるメガバンクの行員）

メガバンク3行は2023～24年に初任給を約5万円引き上げるが、それでも26万円前後。1～2年目だけの微調整である可能性が高く、全体の賃金カーブは維持される。

その特徴は「中払い」。若い間は貢献に比べて賃金が低く、30代半ばからの15年間だけをとくに高めに設定。50代前半には早くも第一線から引退し本体から離して年収半減という、実に特殊な賃金カーブなのである。

「45歳前後で全員が、いわゆる〝たそがれ研修〟を受け、以下について説明を受けます。部長や支店長も例外なく52歳から事務を請け負う関連企業や融資先の企業に出向し、年収は4～5割減になることです。ここで転籍することに同意すれば退職金は約3000万円です。そして55歳まで残ると自動的に『専任行員』の身分に切り替わり、等級規則に基づいて年収が約550万円まで下がることを聞かされます」（前出行員）

転籍を断り55歳まで粘ると、55~60歳の年収は残業代込みでも600万円程度となり、転籍に応じたほうがお得な仕組みとすることで、9割方の社員が本体から離れ、銀行員人生の余生を送る。

つまりはメガ行員の人生は52歳までと実に短い。その中で、出世できれば本部の部長で年収2500万円(同期の5~10%未満)、普通に仕事をしていればボリュームゾーンの1300万円前後。ピークは40代の10年間ほどだけ。分布の広さも、カーブの勾配も、実に大きい。

後払い式の日本企業

「後払い」カーブを描くのが、メーカーを中心とする昭和の日本企業で、こちらが数としては圧倒的に多いのが日本の特徴だ。

次の図のとおり、トヨタ自動車の総合職は年次選抜式で、その点はメガバンクと同じだが、定年まで本体で働く。

トヨタ自動車の賃金分布（総合職の同期入社組・推定）

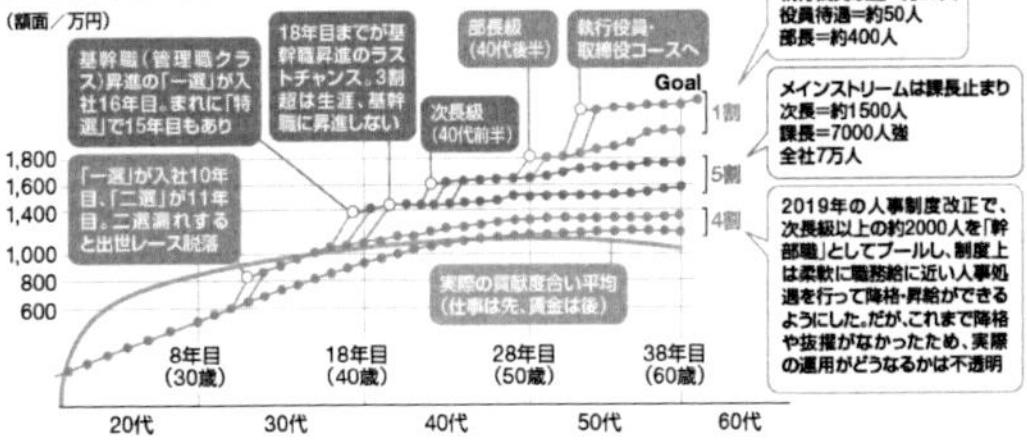
（額面／万円）
基幹職（管理職クラス）昇進の「一選」が入社16年目。まれに「特選」で15年目もあり
18年目までが基幹職昇進のラストチャンス。3割超は生涯、基幹職に昇進しない
次長級（40代前半）
部長級（40代後半）
執行役員・取締役コースへ
Goal
1,800
1,600
1,400
1,000
800
600
「一選」が入社10年目、「二選」が11年目。二選漏れすると出世レース脱落
実際の貢献度合い平均（仕事は先、賃金は後）
8年目（30歳）
18年目（40歳）
28年目（50歳）
38年目（60歳）
20代
30代
40代
50代
60代
1割
5割
4割
執行役員以上＝約20人
役員待遇＝約50人
部長＝約400人
メインストリームは課長止まり
次長＝約1500人
課長＝7000人強
全社7万人
2019年の人事制度改正で、次長級以上の約2000人を「幹部職」としてプールし、制度上は柔軟に職務給に近い人事処遇を行って降格・昇給ができるようにした。だが、これまで降格や抜擢がなかったため、実際の運用がどうなるかは不透明

（出所）筆者作成

入社9年目までは差がつかない。10年目に「上級専門職」に昇進するのが「一選」（いわゆる第1次選抜）で、額面800万円ほどに。11年目が「二選」。30代は毎年ベース賃金が上がり、残業代次第で1000万円に到達する。

その次の昇格タイミングは30代後半。16年目に管理職クラスの基幹職に昇格するのが一選で、約1400万円となる。翌年が二選。三選がラストチャンスだ。まれに「15年目」の早期昇進もいる。

「楽天グループの三木谷浩史社長に引き抜かれた武田和徳氏（現・楽天副社長）は、15年目で基幹職に昇格した『特選』でした。三木谷氏とはハーバード留学時代の同期生とか」（元トヨタ社員）

出世できなくても、60歳までに1000万円以上にほぼ全員が到達し、ボリュームゾーンは1400万円の課長。退職金や企業年金が乗って、後から若い頃の低賃金を回収するので辞めにくく、離職率は低い。これが典型的な後払い型である。

ただし、会社が傾くと、後で払うという約束手形は無効となる。トヨタもEV時代にどうなるかは誰にもわからない。

今払い型が世界標準

これらに対し、世界標準なのが、後腐れのない「今払い」型。外資やベンチャー、コンサル会社がこのタイプの典型で、先の5分類図の左側は、ほぼ今払いである。

日本の税制は、退職金で後払いにするほど有利になる昭和の遺物を放置しており、その点で今払いは不利だが若い頃の働き損がなく人気も高い。東大卒業者の就職先ランキング上位10位には、今払い型の企業が3~4社入る。

デロイト トーマツ コンサルティングは次図のとおりで、決まっているのは新卒入社からの6~7年だけ。

コンサル会社（デロイト トーマツ）の賃金分布（推定）

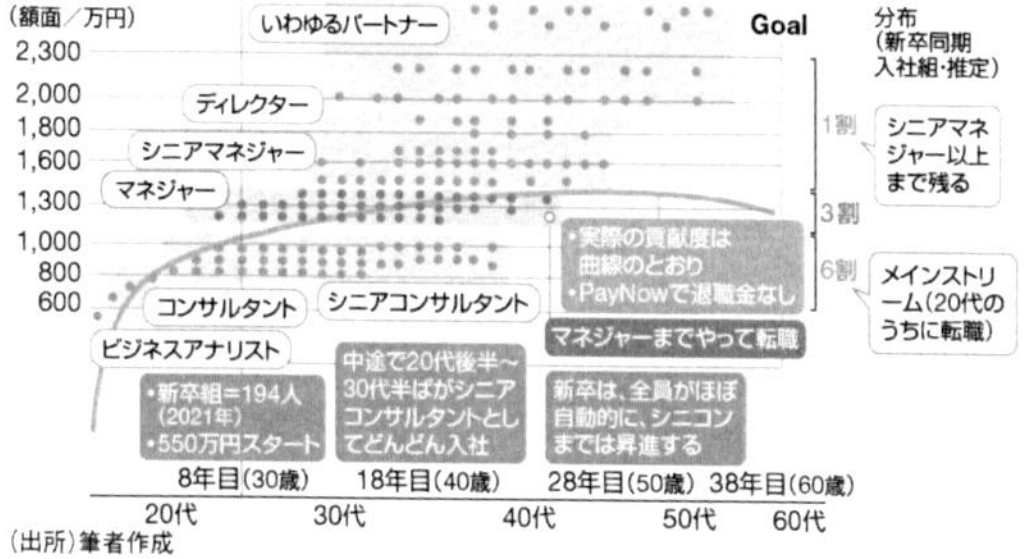
（額面／万円）
2,300
2,000
1,800
1,600
1,300
1,000
800
600
いわゆるパートナー
Goal
ディレクター
シニアマネジャー
マネジャー
コンサルタント
シニアコンサルタント
ビジネスアナリスト
分布
（新卒同期
入社組・推定）
1割
3割
6割
シニアマネジャー以上まで残る
メインストリーム（20代のうちに転職）
・実際の貢献度は曲線のとおり
・PayNowで退職金なし
マネジャーまでやって転職
・新卒組＝194人（2021年）
・550万円スタート
中途で20代後半～30代半ばがシニアコンサルタントとしてどんどん入社
新卒は、全員がほぼ自動的に、シニコンまでは昇進する
8年目（30歳）
18年目（40歳）
28年目（50歳）
38年目（60歳）
20代
30代
40代
50代
60代

（出所）筆者作成

ビジネスアナリスト1年→コンサルタント3年→シニアコンサルタント2年。この時点で額面900万円になる。

7年目のマネジャー昇格がトヨタでいう「特選」で1100万円。これがビッグ4コンサル（デロイト、PwCコンサルティング、KPMG、EYストラテジー・アンド・コンサルティング）やアクセンチュア、ベイカレントの相場だ。

その先、30代は完全職務給となり、33歳での執行役員（20000万円超）もいる。35歳時点で800万円から2000万円超まで、幅広いレンジに在籍する。一方、トヨタの35歳はトップ昇格組でもまだ組合員であり、年収はコンサルの半分未満である。

ただ、大半はシニアコンサルタント以下で離脱し転職していく。「40代以上まで残れる人は少ないので、コンサル業に入るなら『その次』も考慮しておく必要はあるかと思います」（コンサル社員）。

どの水準を求め、どの払われ方（今払い、中払い、後払い）がよいかは、その人の人生観次第である。

渡邉正裕（わたなべ・まさひろ）
ニュースサイト「MyNewsJapan」のオーナーであり編集長。1972生まれ、慶大卒。「働く日本の生活者」の視点から、雇用・労働問題を取材し、分析・提言をしている。

コンサル転職　若手エリートの胸の内

大卒5年目で年収1000万円超えも夢ではないコンサルティング企業。魅力的な条件にひかれ、高学歴エリートから注目を集める。

就活サイト「ONE CAREER」を運営するワンキャリアが、同サイトで東京大学と京都大学の会員がどの企業ページを閲覧したかを調査したところ、首位の米マッキンゼー・アンド・カンパニーなど、上位10社のうち8社をコンサル企業やシンクタンクが占めた。

1位：マッキンゼー・アンド・カンパニー
2位：KPMGコンサルティング

3位：リクルート
4位：ベイン・アンド・カンパニー
5位：ボストン コンサルティング グループ
6位：Ｓｔｒａｔｅｇｙ&
7位：三菱商事
8位：ＥＹストラテジー・アンド・コンサルティング
9位：アクセンチュア
10位：ＰｗＣコンサルティング・ＰｗＣアドバイザリー

転職市場での存在感も増す一方だ。リクルートによると、2022年までの約10年間で、コンサル業界への転職者数は6倍近くに拡大。コンサル転職を支援するアクシスコンサルティングの荒木田誠取締役は「企業や官公庁などさまざまクライアントを抱え、中途採用の対象となる業種・職種が幅広い」と背景を語る。

DX対応など需要の高まりを受け、どのコンサル企業も人手が足りず、社会人経験の浅い20代の人材を獲得・育成する体制を整えてきた。実際に20代でコンサル業界へ転じた当事者たちは、何を思って行動を起こしたのか。

移籍で年収200万円増

福田氏（20代後半・仮名）は慶応大学を卒業し、国内の大手メーカーに就職。1年ほど前に総合系のコンサル企業に転職し、500万円に届かなかった年収を700万円超まで引き上げた。

就活の際、同級生が必死に総合商社など高給の企業へアプローチする姿を、「給料なんてそんなに気にしないでいいだろう」と冷めた目で眺めていたという福田氏。東京から離れる可能性もあるが、むしろ全国に転勤できるのを楽しもうと、メーカーへの入社を決めた。

しかし、自分よりできないと思っていた後輩が「商社で1000万円近く稼いでいる」などと聞くと、無性に腹が立ってきたという。また、何年も同じ業務が続く退屈さや、首都圏へ定住したいという考え方が芽生えたが、会社のキャリア設計が硬直的だったため、部署異動は難しかった。

「結局、金がたくさん欲しいし、オフィスも東京が一番。就活時の自分がバカだった」。コンサル企業への就職時に試されるフェルミ推定など対策に半年ほどかけ、晴れて総合系のコンサル企業に入社。戦略コンサルタントとして売上高1兆円企業の幹部とやり取りし、経営課題に向き合っている。

実際にコンサルタントとなり、仮説を立てる速度や思考の深さなど、求められるレベルの高さをひしひしと感じている。ただ、「数カ月ごとにクライアントやプロジェクトのテーマが変わるから、仕事は楽しい。これで給料が増えて、転勤もないのだから、転職して本当によかった」と前向きだ。

順調に成果を出せれば、30歳前後で年収は1000万円を突破する。その先に見据えるのはマッキンゼーなど、よりブランド力の高いコンサル企業への移籍だ。

大手企業の経営企画部門や有力なベンチャーの役員など、最終的に事業会社へ〝凱旋〟したい福田氏。ただ、有力コンサル出身者たちが好条件のポストをかっさらうため、今の所属先から事業会社への転職には苦労するかもしれない。そこで、実地でコンサル思考に磨きをかけ、有力コンサルの選考対策とする構えだ。「地頭のよさで入れて、出口は無限。コンサル転職は最高のキャリアリセットだ」(福田氏)。

〝社内失業〟に戦々恐々

国内ITの最有力企業から福田氏とは別の総合系コンサル企業に転じたのが杉浦氏(20代後半・仮名)。こちらも慶大卒のエリートだ。

約650万円だった年収は700万円と、小幅な上昇にとどまる。ただ、順調に昇給すれば30歳ごろに年収1000万円になる。将来的に経営層を目指したい杉浦氏にとって、年功序列の前職より成長できる環境を求めた結果が、コンサル転職だった。

自ら成果主義を志向した杉浦氏だが、転職早々にして強烈な洗礼を浴びる。〝社内失業〟だ。

コンサルタントはプロジェクトごとに責任者と面談し、自身のスキルを問われる。

ここで必要とされなければ、クライアントとやり取りする業務には従事できない。実力が十分でないと判断されれば、オフィスの一角に集められ、ほかのコンサルタントの下請けとして資料作成などの単純作業をさせられる。

杉浦氏は入社直後、進行中のプロジェクトから外され、社内失業の憂き目に遭った。「その後、別のプロジェクトにありつけたが、外資なら二度とチャンスはなかったかもしれない。大量採用は続いており、また同じ目に遭うのではないかと、毎日プレッシャーを感じている」。

プロジェクトの担当になれば、標準的な業務時間は午前9時から深夜12時まで。心身共に過酷な環境に置かれるが、「前職では身に付いていると思っていた主体性や、資料の構成といったスキルが、実際にはなかったと気づけた。転職していなかったら（今後のキャリアは）終わっていた」と自己診断する。

実力主義が徹底するコンサル業界。高収入だけにひかれて安易に決断すると、後悔が伴うかもしれない。自分は成果を出すまで頑張れるか熟考したうえで判断するのがよさそうだ。

（森田宗一郎）

ゲーム業界　賃上げレースの深層

ついにあの名門がレースに参入してきた。

ゲーム大手の任天堂は2023年2月7日、4月から全社員の基本給を10％引き上げると発表。正社員だけでなく、契約社員やアルバイトの基本給も同程度の増額が決まった。

世界的な物価上昇を受け、従業員の実質的な賃金水準に配慮。大卒初任給は従来の約23万円から約25万円になる。今後の賞与制度など、年収総額に関する方針は明かされていないが、従業員の固定収入が増えることは間違いない。

それから10日後の17日、今度は『ソニック』シリーズを擁するセガも基本給の増額を発表。大卒初任給は従来の約22万円から30万円へ大幅アップし、年収ベースでは平均15％程度の賃上げとなる。従業員の収入を安定させると同時に、採用での売りとすることで、国際的な競争力を強化する狙いだ。

これが2社だけならば、足元で産業を問わず広がる賃上げラッシュの一環にすぎないとも取れる。しかし、実はゲーム業界では2022年春から、『モンスターハンター』シリーズのカプコンや歴史シミュレーションゲームを得意とするコーエーテクモホールディングス（HD）など、主要企業による待遇改善が相次いでいる。


背景にあるのが、空前のゲーム好況だ。『グローバルゲームマーケットレポート2022』によれば、22年の世界ゲーム市場は1844億ドル。正確な推計は難しいが、2019年比で30%近い成長を見せている。スマートフォンとパソコンが普及し、専用機がなくともゲームを遊べるようになる中、巣ごもり特需が到来。日本のゲーム各社は追い風に乗り、ここ数年で軒並み過去最高益を更新した。

同時にゲーム会社のビジネスモデルにも変化が起きた。ソフトの現物販売に加え、ダウンロード販売が浸透。在庫に左右されず、需要に合わせた売価調整が可能になるなど、1つのタイトルがより長く収益に貢献するようになった。カプコンの宮崎智史副社長は「従来はヒットビジネスだったゲーム事業を、安定成長モデルに進化させることができた」と自負する。

同社は2013年度から9期連続で営業増益中。収益力の向上を踏まえ、22年度から正社員の平均基本年収を30％増額し、近いうちに賞与の業績連動性も高める。「急激に収益が拡大し、制度が追いつかなかったが、今後もこれぐらいの処遇はしていける」（宮崎副社長）。

巨大化するゲーム開発

ゲーム会社が賃上げに走るもう1つの要因が、ゲーム開発の変容だ。ゲームデバイスの進化や国際競争の激化を受け、各タイトルで高精度なCG演出が求められるなど、開発の規模は巨大化している。コーエーテクモHDの浅野健二郎専務は「10億円程度で済んでいた1タイトル当たりの開発費が、今や数十億〜100億円規模は当たり前だ。必要になるマンパワーも『ファミリーコンピュータ』時代の100倍くらいになっている」と実情を語る。

10年前比で営業利益が約6倍の345億円に膨らんだコーエーテクモHDは、

7期連続でベースアップを実施しており、この間に平均年収を約12%引き上げた。ただでさえ「社員数=開発キャパシティーのようなもの」(浅野専務)であるゲームビジネスにおいて、社員のモチベーション維持と採用市場での競争力確保が一層重要となっているのだ。

サーバーエンジニアの需要が急増していることも、賃上げを促す。今や世界中のゲーマー同士でオンラインプレーを楽しむ時代となり、その展開にサーバーの設計や構築、運用といったスキルを持つ人材は欠かせない。あるゲーム大手関係者は「アマゾンやグーグルといった米国のIT大手と取り合いになり、獲得が難しい。こうした企業と同等の給与水準を提示しなければならず、北米で大幅に人件費が上昇している」と吐露する。

あらゆる人材の枯渇感から、業界内で激しい引き抜き合いが起きそうに思える。ただ、人気作品や会社そのもののファンとして入社した社員も多く、老舗のゲーム会社で離職者が急増しているといったことはないという。また、前出のゲーム大手関係者は「米IT大手がリストラに着手したため、サーバーエンジニアは確保しやすくなるかもしれない」と、業界外からの人材流入に期待する。

直近のエンタメ業界における主な待遇施策

実施時期	社名	施策の内容
2022年度	カプコン	正社員の基本年収を30%増
	コーエーテクモHD	正社員の基本給を23%増
	バンダイナムコHD	一部子会社で年収に占める基本給の比率を引き上げ
23年4月	SANKYO	正社員の基本給を約20%増
	任天堂	全社員の基本給を10%増
23年7月	セガ	年収ベースで15%程度の賃上げ

(注)HDはホールディングスの略　(出所)各社の発表を基に東洋経済作成

ゲーム人材狙う中国企業

中長期的な人材争奪戦の本格化は避けられないというのが、業界関係者の共通認識。その台風の目となりそうなのが中国メーカーだ。

ゲーム業界では、部門売上高が3兆円に上る中国のIT大手・テンセントが世界首位に君臨。また、人気作の『荒野行動』を展開する中国のネットイースが、セガで『龍が如く』シリーズの総合監督を務めていた名越稔洋氏を獲得するなど、すでに日本のゲーム人材をかき集めている。

ある中国のゲーム大手関係者は、「ここ数年でスマホゲーム会社を中心に、日本の人材を約30人引き抜いた。日本市場では任天堂やソニーグループの足元にも及ばないため、どんどん獲得していく」と鼻息が荒い。一方、国内ゲーム大手の幹部は「中国のゲーム大手は新卒のエンジニアに1000万円以上の年収を提示してくる。今後、採用市場で脅威となるかもしれない」と予想する。

業界ではゲーム開発に用いるプログラミング言語を大学や専門学校で教えるための助成制度を求める声がある。ただ、「経済団体や官公庁に要望しているが、話が進まない」（前出の国内ゲーム大手の幹部）という。

ゲーム以外のエンタメ企業における待遇改善も無視できない。バンダイナムコHDでは22年、ゲーム子会社と同時に、玩具子会社・バンダイでも年収に占める基本給の比率を引き上げた。バンダイ人事部の松原誠ゼネラルマネージャーは「ここ数年で業績が急成長しており、玩具の企画や営業など、従来は年間50人程度だった中途採用を100人規模に倍増させようとしている」と明かす。

大手パチンコメーカーのSANKYOは2023年4月から、正社員の基本給を平均で約20％増額する。賞与の減額といった措置はなく、基本給の引き上げがそのまま年収増につながる。

今後はゲーム各社もファンの拡大に伴い、版権を映像やグッズに展開するライセンス営業などの人材を増強する必要がある。その際、優秀かつエンタメ業界への転職を希望する文系人材は、こういった企業とも取り合いになるだろう。

慢性的な人材不足が続きそうなゲーム各社。人材争奪戦の本格化に備えて、継続的な賃上げによる採用力の向上は当面続ける必要がありそうだ。

（森田宗一郎）

役職定年　バブル世代の処遇と悲哀

人事ジャーナリスト・溝上憲文

人事異動で社内がざわつく3月。55歳で無理やり、部・課長職から一兵卒に引きずり下ろされる人たちもいる。役職定年だ。最近、その中に不可思議な行動を取る人が増えている。

ゼネコンの人事担当者は「社員の残業時間をチェックし、会社の限度時間を超えそうな社員に警告を出している。設計部門で土日も出勤し、残業が過労死ラインの月80時間に達していた社員がいたので、警告しようとしたら、役職を降りた元部長だった」と語る。

どういうことか。「役職定年後は年収が3～4割ダウンする。管理職ではないので残業代が発生するが、どうも減った分をカバーするために残業しているらしい。本人も『俺は専門職になったから仕事を回せ』と周囲に言っている。後輩の部長も注意しづらく、頭を抱えている」と話す。

能力に関係なく一律に年齢で解任される役職定年。欧米の感覚では年齢差別と映る制度であり、残業代稼ぎはささやかな抵抗にも思えるが、本人には切実な問題だ。

喪失感や孤独に直面

ダイヤ高齢社会研究財団の調査（2018年、男性が対象）によると、役職定年後は役職手当や基本給が減額され、年収水準はそれ以前の50〜75%に下がる人が最も多く、50%未満も4割を占める。

前出のゼネコンでも「月15万円の部長手当がなくなるほか、業績評価で若手の評価を上げるために年輩者の評価を下げる上司もおり、結果的に賞与が減って、年収が4割程度減る人もいる」（人事担当者）という。

シニア向けキャリア相談を手がけるキャリアコンサルタントの作田龍昭氏は「今の50代は晩婚のせいなのか、子どもが小さいことも珍しくない。大学までの教育費を考えると、役職定年による年収減は生活にも響く」と語る。

年収減だけではない。役職を外れたことで孤独や喪失感を味わい、働く意欲も失う。パーソル総合研究所の調査によると、「仕事に対するやる気・モチベーションが低下した」、「喪失感・寂しさを感じた」、「会社に対する信頼感が低下した」とネガティブに受け止める人も相当数いる。回答者の一人は「同期でトップ出世を果たしてきたのに、なぜ役職を剥奪されるのか。疑問と喪失感で夜も眠れない日が続いた」（58歳・男性・卸小売業）とのコメントを寄せている。

喪失感を覚えたり孤独に陥ったりする理由は何か。作田氏は「1つは権限と裁量がなくなること。昨日までハンコを押し、組織のさまざまな課題を判断していた仕事がまったくなくなることによる寂しさは間違いなくある。もう1つは情報が入ってこないこと。今まで自分にあらゆる情報が集中していたが、役職を外れた途端、会議に呼ばれなくなり、会議の報告すらなくなる。当然、不満や孤独感が募る」と語る。

しかも、役職を降りても技術系なら専門スキルを生かす道もあるが、事務系の元管理職にマッチする仕事はなかなかないのが実態。サービス業の人事部長は「元の部署に仕事がないのでほかの部署に配置される人がいるが、権限もないうえに、メンバーを知らない、新たな仕事に慣れないという三重苦に襲われ、モチベーションがかなり下がる人もいる」と指摘する。

そのため、一律の年齢で区切る役職定年を廃止し、能力の高い人材はそのまま役職に就け続ける形に切り替えた企業も少なくない。

4割近くが「モチベーションが低下」と回答
―役職定年後の仕事に対する意識の変化―

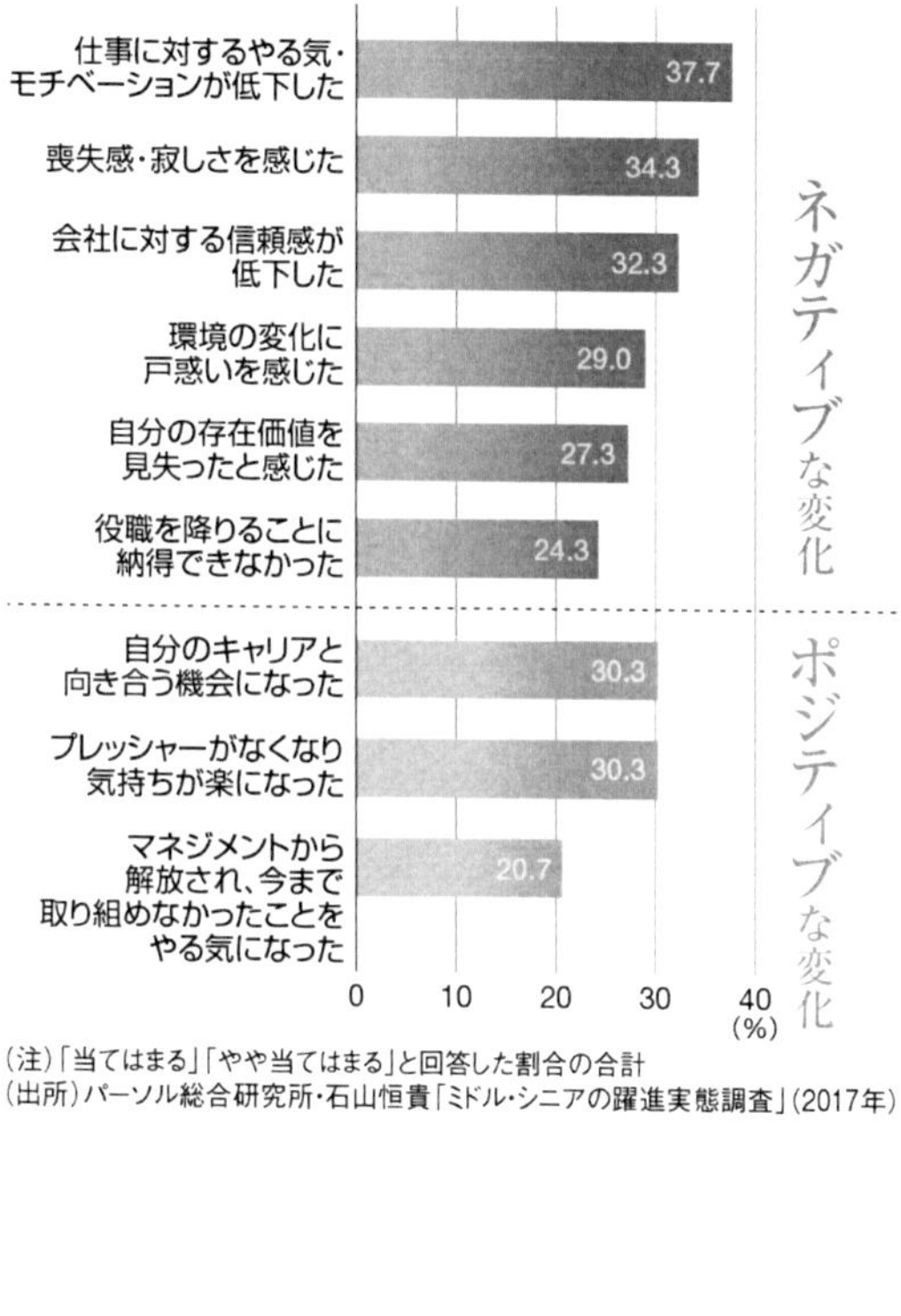

(注)「当てはまる」「やや当てはまる」と回答した割合の合計
(出所)パーソル総合研究所・石山恒貴「ミドル・シニアの躍進実態調査」(2017年)

ところが近年、全社統一の年齢制限を復活させた企業もある。前出のサービス業がまさにそうで、「以前は56歳で全員が役職を降りたが、現場に運用を任せた結果、余人をもって代えがたい人材とはいえない人まで管理職を続けているケースが増えた。バブル期入社組が管理職に居続けると若手や中途入社の社員の士気に影響する。組織活性化のために必要だということで3年かけて徐々に役職を外し、56歳にそろえた」（人事部長）。

バブル期入社組は1988年から92年に入社した世代であり、管理職層の大半を占める。あるエネルギー関連企業は、役職定年を元のように55歳に戻し、2022年から23年にかけて88年入社（56〜57歳）の管理職を一掃したという。

富士通のケース

はたして、年齢一律の役職定年は不可避の施策なのか。役職定年はもともと、定年が55歳から60歳に延びる中で、人件費の削減と組織の新陳代謝を目的につくられた制度。今は、再雇用が多いとはいえ実質的には65歳定年となり就業年齢も延び続けている。

役職定年によるモチベーションダウンは企業の生産性を阻害しかねないが、1つの解が富士通の取り組みである。同社は課長職55歳、部長職56歳の「役職離任制度」を廃止。2020年のジョブ型人事制度への転換と同時に、年齢に関係のないポストオフ制度を導入した。

ジョブ型賃金（職務給）は、職務内容を明確化した職務記述書をベースに職責の格付けを行い、職務等級（ポスト）と報酬をひも付ける仕組みだ。職責を果たせない幹部社員をポストオフする一方で、手挙げ式のポスティング（公募）で抜擢する仕組みを設けている。

人事本部人事部の黒川和真シニアディレクターは「毎年数百人の管理職がポストオフされ、若手を含めて年齢に関係なくポスティングにチャレンジし、新たなポストを得ている。もちろん、求められる役割を実現できていて60歳まで管理職を続けている人は普通にいるし、50歳を過ぎて管理職になる人もいる」と語る。

当然、ポストを外れる人もいる。「不満の声が出ることはある。外れた人向けには専門性を生かして働くエキスパート職を設けているが、ポスティングに合格し、新しいポジションで活躍している人も結構いる。スキル習得の幅広い研修メニューを用意し、10年先を見据えたキャリアをどう実現していくのか、積極的に支援している」（黒川氏）。

手挙げ式を通じた若手の登用による新陳代謝を実現すると同時に、管理職も年功の既得権は存在しない。つねに職責達成が要求されるなど年輩者には厳しいが、1つのモデルでもある。

制度の成否は「脱年功」の運用だ。同じジョブ型を導入した大手通信企業の人事担当者は「能力の高い若手を抜擢できる制度だが、入社年次意識をいまだ引きずっている管理職がまだまだ多い。『降格されたら面倒を見てくれるのか』と言う始末だ。いずれ役職定年をなくす方向だが、今の段階で廃止するのは難しい」と吐露する。

年功意識の払拭と管理職一筋のキャリアパスの見直しが進まなければ、役職定年によるモチベーション低下の問題がなくなることはない。

溝上憲文（みぞうえ・のりふみ）
1958年生まれ。明治大学卒業。人事・雇用・賃金問題を中心に執筆。著書に『非情の常時リストラ』『人事評価の裏ルール』『人事部はここを見ている！』ほか。

INTERVIEW

「最低賃金の引き上げこそ重要　経営者は搾取をやめるべきだ」

金融アナリスト／小西美術工藝社　社長　デービッド・アトキンソン

【3つのポイント】

①人口減の日本が経済成長するには、生産性向上しかない

②生産性と最低賃金は強い相関関係がある。ゆえに「最賃」の引き上げが必要

③日本には生産性の低い中小企業が多すぎる

1990年以降の日本経済をウォッチし続けたデービッド・アトキンソン氏。日本経済の浮揚には最低賃金の引き上げが不可欠と訴える。

――経済成長を実現するには最低賃金を上げ生産性を上げるしかない、と主張されています。

先進国では、子どもの数が増えればやがて経済はほぼ自動的に成長する。また、人口増加によって経済が成長すると生産性が上がりやすいことがわかっている。

ただし生産性は自動的に向上するものではなく、意図的に誰かが上げていかなければならない。経済成長率は「人口の伸び率」と「生産性の伸び率」の合算であるため、人口減少が続く日本で経済のパイを大きくするには生産性向上しかない。

では具体的にどうするか。最低賃金と生産性には強い相関関係がある。欧州各国を中心に継続的な最低賃金の引き上げが行われているのは、最低賃金と生産性に密接な関係があるからだ。

ところが日本では賃金が上がらないことによって生産性も上がらない。生産性を上げる競争がないから低賃金が続くという悪循環になっている。生産性が低いのは飲食、宿泊、小売り、生活関連、医療、福祉などのサービス業。こうした業界は非正規雇用比率が高く、女性が支えている。そして最低賃金で働く労働者の比率が異常なぐらい高い。

結局、サービス業の経営者は最低賃金でまじめに働いてくれる優秀な女性を雇い、低生産性のビジネスモデルを成立させている。テレビで中小企業の苦境が報じられる際に必ず出てくるのが機械や金属を扱う町工場だが、製造業の生産性はサービス業より高い。

労働者の7割は中小企業

――2023年の春闘はいつにもまして賃上げが焦点です。

「春闘イコール賃上げ交渉」のような風潮があるが、そこは本質ではない。大企業の賃上げよりも、中小企業を中心とした最低賃金の引き上げこそいちばん重要なテーマだ。日本での賃金の議論は大企業が中心になっているが、労働者（従業員）のおよそ7割は中小企業で働いている。

中小企業は大企業と比べると、賃金も生産性も低い。その賃金を論じなければ意味がないはずだ。しかも中小企業には最低賃金で雇用しているところが多い。労働者の賃金は労使交渉で決められるので、政府が介入できるとすれば最低賃金しかない。

――大企業の賃上げが中小企業に波及することはありませんか。

大企業の賃上げが下の層に波及することはない。それよりも最低賃金が上がることで、全体が底上げされる効果がある。新しい最低賃金が設定されると、現行の最低賃金よりすこし多くもらっている人は少し上の賃金がもらえる仕事に移ろうとする。玉突きのような形で全体が底上げされることになる。春闘よりも、毎年夏に決められる最低賃金のほうが大事だ。

――最低賃金を引き上げると経営が苦しくなる、倒産が増えるという声が中小企業にあります。

最低賃金を引き上げると倒産が増える、失業率が上がるとさんざんいわれてきた。とくに中小企業が中心メンバーである日本商工会議所は「雇用か賃上げか」と二者択一を迫り、賃上げをできるだけ回避しようとしてきた。しかし引き上げによって実際に倒産が増えたか。そんなことはない。しかも海外の有力研究者は、最低賃金の引き上げと失業率とは相関関係が弱いことを指摘している。

――生産性が低いことを利用している経営者が多いと？

経営者が労働者を安い賃金で働かせ、価格競争をすることに慣れてしまった。経営者の仕事は付加価値をどう上げるかであるのに、自ら安売り競争に出ている。安売りならば誰でもできる。

ＥＵ（欧州連合）は新たな規制をつくり、例えば税引き前賃金の中央値の６０％を最低賃金とするなどの目標値を各国に求めている。こうして段階的に目標を決めて上げていくのは世界の常識になっている。賃金水準の先が見通せれば、経営者は計画的に投資をして生産性を上げることを考える。経営は付加価値を高めることなのにコスト削減だと考えている。その点で、日本の経営者は管理者であって経営者ではないといえる。安い賃金で搾取する構造はやめるべきだ。

そもそも商品やサービスの価格は下げるものではなく市場との対話で決めるべきものだ。対話しながらどこに需要があるのかを見極める。それが価格戦略。毎年、単価を引き上げていくのは経営者としての才覚だ。2022年後半から「○年ぶりの値上げ」といったことがニュースになっているが、毎年少しずつでも値上げするのが望ましい形だ。価格を上げたらお客さんが逃げると経営者から聞くが、経営をしたくない人の言い訳にすぎない。

消費者が減る社会になる

――しかし中小企業にとって価格引き上げが難しいのも事実です。

日本に限らずどの国でも中小企業の経営能力が低いことは明らかだ。同時にこれら中小企業は労働集約的であり、テクノロジーを使う比率が低い傾向もある。生産性を考えるうえで、日本の課題は小さな企業が多すぎることだ。

日本では従業員20人未満の企業で働く人の比率が約20%もあり、ほかの先進国では10%台前半であるのと比べると高い。他方で従業員250人以上の企業で働く人の割合は約13%しかない。ほかの先進国では20～30%台だ。設備投資をするにもイノベーションを起こすにも、小規模な企業より一定の規模がある企業がよいことは直感的に理解できるし、論文レベルでも証明されている。

誤解してほしくないが、中小企業を潰せばよいとは言っていない。人口が減少することによっていちばん困るのは、消費者が減ることだ。労働者が減ることではない。商品やサービスの供給は自動化やロボット化で何とかなる。それを誰が買うのかという問題なのだ。

これを解決するにはイノベーションが必要で、企業の適正規模が問われる。生産性を高めることをしていない企業、最低賃金で労働者を搾取する企業が淘汰されるのは何ら問題がないはずだ。

（聞き手・長谷川 隆、黒崎亜弓）

デービッド・アトキンソン（David Atkinson）

1965年英国生まれ。英オックスフォード大学卒業。92年ゴールドマン・サックス入社。日本の不良債権の実態を暴くリポートを発表し注目を浴びる。2009年国宝・重要文化財の補修を手がける小西美術工藝社に入社、経営に当たる。日本の経済や観光政策などについて提言を続けている。

【週刊東洋経済】

本書は、東洋経済新報社『週刊東洋経済』2023年3月11日号より抜粋、加筆修正のうえ制作しています。この記事が完全収録された底本をはじめ、雑誌バックナンバーは小社ホームページからもお求めいただけます。

小社では、『週刊東洋経済eビジネス新書』シリーズをはじめ、このほかにも多数の電子書籍ラインナップをそろえております。ぜひストアにて**「東洋経済」で検索**してみてください。

『週刊東洋経済eビジネス新書』シリーズ

No.428　インフレ時代の資産運用&防衛術
No.429　人口減サバイバル
No.430　自衛隊は日本を守れるか
No.431　教員不足の深層

No.432　ニッポンのSDGs&ESG
No.433　独走トヨタ　迫る試練
No.434　変わる相続・贈与の節税
No.435　東芝の末路
No.436　食糧危機は終わらない
No.437　ゼネコン　両利きの経営
No.438　すごいベンチャー2022〔前編〕
No.439　すごいベンチャー2022〔後編〕
No.440　宗教　カネと政治
No.441　岐路に立つ鉄道
No.442　学び直し全ガイド
No.443　米中　大動乱
No.444　高揚するコンサル　したたかな弁護士
No.445　半導体　復活の足音

No.446 氾濫するＰＲ
No.447 総孤独社会
No.448 認知症　全対策
No.449 武器としての名著
No.450 世界と日本の焦点　２０２３
No.451 マンション　熱狂と盲点
No.452 日銀　宴の終焉
No.453 ＮＨＫ　受信料ビジネスの正体
No.454 大増税時代の渡り方
No.455 背水のホンダ
No.456 エネルギー危機と脱炭素
No.457 失敗しないＤＸ

週刊東洋経済eビジネス新書　No.458
ニッポンの給料

【本誌（底本）】
編集局　長谷川　隆、黒崎亜弓、森田宗一郎
デザイン　藤本麻衣、熊谷真美、中村方香
進行管理　下村　恵
発行日　2023年3月11日

【電子版】
編集制作　塚田由紀夫、長谷川　隆
デザイン　大村善久
制作協力　丸井工文社
発行日　2024年7月18日　Ver.1

発行所　〒103-8345
東京都中央区日本橋本石町1-2-1
東洋経済新報社
電話　東洋経済カスタマーセンター
03（6386）1040
https://toyokeizai.net/
発行人　田北浩章

電子書籍化に際しては、仕様上の都合などにより適宜編集を加えています。登場人物に関する情報、価格、為替レートなどは、特に記載のない限り底本編集当時のものです。一部の漢字を簡易慣用字体やかなで表記している場合があります。本書は縦書きでレイアウトしています。ご覧になる機種により表示に差が生じることがあります。

本書に掲載している記事、写真、図表、データ等は、著作権法や不正競争防止法をはじめとする各種法律で保護されています。当社の許諾を得ることなく、本誌の全部または一部を、複製、翻案、公衆送信する等の利用はできません。

もしこれらに違反した場合、たとえそれが軽微な利用であったとしても、当社の利益を不当に害する行為として損害賠償その他の法的措置を講ずることがありますのでご注意ください。本誌の利用をご希望の場合は、事前に当社（TEL：03－6386－1040もしくは当社ホームページの「転載申請入力フォーム」）までお問い合わせください。

※本刊行物は、電子書籍版に基づいてプリントオンデマンド版として作成されたものです。